J'APPRENDS L'ALLEMAND

"DOMAINE FRANÇAIS"
Ouvrage édité sous la direction
d'Evelyne Chanet

ISBN 2-7427-1850-8

DENIS LACHAUD

J'APPRENDS L'ALLEMAND

roman

ACTES SUD
HUBERT NYSSEN ÉDITEUR

Je rentre en sixième et Mme Ladurée mon professeur d'allemand m'apprend que mon prénom, Ernst, veut dire sérieux.

On est des Allemands.

Papa et maman sont venus en France quand ils se sont connus. Ils s'étaient rencontrés en Allemagne, papa avait plu à maman, maman à papa, ils avaient décidé de venir vivre à Paris. Ils se sont mariés, juste avant ou juste après. Ils n'ont pas du tout d'accent.
Max et moi, on est nés ici.
A l'école, on nous appelle "sales Boches" ou "Rommel" ou "Rommel heil Hitler" ou "Hitler" quasiment depuis la maternelle. Notre vrai nom c'est Wommel et la guerre est finie depuis plus de trente ans mais les Allemands ont laissé de mauvais souvenirs dans les familles françaises.
Max a fait anglais première langue, moi j'ai décidé de prendre allemand première langue, on ne parle jamais allemand à la maison, s'appeler Ernst Wommel et ne pas savoir parler allemand, ça ressemble à quoi ?
L'institutrice a encouragé mon choix parce que j'avais de bons résultats en primaire.
Papa et maman n'ont rien dit.

Ernst dort au milieu d'une tempête de draps et de couvertures. La nuit, couronné de sueur, il gigote, gémit, tousse, hurle, se cogne au mur, grince des dents. Dans la famille Wommel, tout le monde s'est habitué à ses nuits agitées. On le laisse faire sans piper mot. Sauf quand il appelle.

"Maman !"

Ernst a été un bébé difficile. Il a hurlé et gesticulé du matin au soir, cassé tout ce qui passait à portée de ses mains, défoncé à coups de cuiller la chaise en bois que Max avait laissée intacte, vidé cent fois la poubelle de la cuisine, malmené les bouteilles d'huile jusqu'à ce qu'elles explosent, dépoté toutes les plantes, chié à côté du pot.

Et puis il a appris à parler, ça l'a calmé, le guerrier qui perd son épée, Samson qui se fait tondre.

Il lui reste la nuit pour la bataille.

Comme tous les dimanches, Ernst émerge avant les autres. Il escalade sans bruit le rebord de son lit de petit garçon de trois ans, va faire pipi dans le bidet de la salle de bains, sa cuvette

personnelle et entre dans la chambre de ses parents. Ils dorment.
Ernst contourne le lit, réveille sa mère. Elle l'attrape, l'embrasse et lui fait une place au milieu. Il se glisse sous les couvertures, elle se rendort. Près de lui, le dos de son père s'élève comme une falaise.
Ernst ne sait pas comment se mettre. Il est bien. Il sent les deux corps contre le sien. La chaleur l'enveloppe.

Plus tard, Katarina Wommel se lève. Il y a de la place mais Ernst reste collé à son père, somnole. Une demi-heure s'écoule et Horst Wommel se lève à son tour. L'enfant reste seul dans le grand lit. Il se rendort profondément.
Le réveiller devient alors très difficile.
Il faut l'arracher du lit, du coma.

Depuis quelque temps, Ernst louche. Mme Wommel s'en inquiète.
Elle prend rendez-vous chez un ophtalmologue.

"Vous êtes de passage ou vous habitez en France ?

— Nous habitons en France.

— Madame, vous arrivez beaucoup trop tard, votre enfant a perdu son œil gauche.

— Quoi ?

— Cet enfant a quatre ans et demi, madame, il fallait venir plus tôt, ce n'est pas raisonnable, le processus est probablement engagé depuis deux ans, il n'y a plus rien à faire.

— Ce n'est pas possible !

— Mais pourquoi avez-vous attendu si longtemps ?

— Docteur, je... j'étais loin de soupçonner..., je venais juste vous consulter pour un problème esthétique.

— Un problème esthétique ! Eh bien vous aviez tort. Maintenant il n'y a plus rien à faire."
L'ophtalmologue propose quelques exercices à Ernst. Il programme toute une série de rendez-vous avec Mme Wommel. La pauvre est paralysée.

Il lui faut plusieurs mois pour cesser de donner son argent à un médecin qui lui répète constamment qu'elle est arrivée trop tard, qu'il n'y a plus rien à faire.

Mme Wommel consulte un second ophtalmologue. Elle lui explique que l'œil gauche de son fils ne peut pas être mort, qu'il distingue encore l'ombre de la lumière.

"Quand je cache son œil droit et que je passe ma main devant son œil gauche... vous voyez... comme ceci...

— Je comprends bien, madame. Vous allez vous adresser au professeur Gasty. Appelez de ma part, dites que c'est très urgent."

La salle d'attente est très confortable, il y a des livres et des jeux pour aider les enfants à patienter. Ernst est plongé dans l'histoire des trois ours. Il l'a choisie parce qu'il la connaît bien, sa mère la lui lit souvent le soir.

"Vous avez raison madame, un œil qui distingue l'ombre de la lumière ne peut pas être mort. C'est une question de bon sens, somme toute. Il faut neutraliser l'œil droit afin d'obliger le gauche à fonctionner."

Ernst est aveugle.
Son œil droit est caché par un bandeau de pirate et son cerveau ne lit pas encore l'image transmise par son œil gauche. Il ne peut plus rien faire sans se cogner aux murs, se blesser. De temps en temps, il arrache son bandeau.

Ernst met ses premières lunettes.
On remplace le bandeau par une ventouse que l'on colle sur son verre droit et qui crée une chambre noire autour de son œil. Ernst est content, la ventouse est plus discrète.
Il apprend à jouer seul. Il imagine des réseaux routiers sur les carreaux du linoléum. Circulation dense, carambolages meurtriers.

Plus tard, on remplace la ventouse par une couche de Micropore collée sur le verre droit. Ernst est ravi. Son œil droit reçoit la lumière. Ernst triche. Il fait glisser les lunettes sur son nez et regarde par-dessus le verre opaque.
La mort dans l'âme, Mme Wommel lui administre des gouttes d'atropine pour neutraliser l'œil valide.

Mois après mois, année après année, elle l'emmène chaque semaine chez l'orthoptiste faire des exercices visuels : mettre le perroquet dans sa cage, le bébé dans son parc, le tracteur dans le garage, le lapin dans le chapeau, le pot de fleurs devant la fenêtre.
Le professeur Gasty est encourageant.
Il oriente les Wommel vers le Dr Salavoux, un de ses anciens internes qui s'est installé près de leur domicile.

A la maternelle, Mme Wommel et l'institutrice se rencontrent régulièrement. Tout se passe bien.

Ernst écrit son prénom pour la première fois. Il a commencé à droite de la feuille, fini à gauche. On le lit comme dans un miroir. Mme Wommel s'inquiète. L'enseignante la rassure.

"Ne vous alarmez pas, tout se réglera quand il apprendra à lire."

C'est le jour de la rentrée en cours préparatoire, je me retrouve enfin à la grande école. Max y est depuis deux ans.
Il reste avec moi quand nous entrons dans la cour. Il me montre les toilettes, le préau et, au bout de quelques minutes, il part rejoindre ses copains.
Je regarde par-dessus mes lunettes à quoi ressemble ma nouvelle école. J'aperçois Thierry Fornerie, tout seul dans son coin lui aussi. Il était dans ma classe l'année dernière à la maternelle. Je vais vers lui.

"Salut.

— Salut."

Je m'adosse au mur. Thierry Fornerie n'était pas mon meilleur copain, c'était Antoine Carré, mais je ne le vois pas.

"T'as passé de bonnes vacances ?

— Ouais.

— T'as été où ?

— A la mer."

Thierry Fornerie n'a pas envie de me raconter ses vacances, ça ne m'étonne pas, il n'est pas bavard.

"T'as pas vu Antoine Carré ?

— Il n'est pas dans cette école.

— Ah bon ?
— Ses parents l'ont mis à Théophile-Gautier, c'est plus près de chez eux.
— Comment tu le sais ?
— C'est sa mère qui l'a dit à ma mère."
La grande école commence mal.

"Mais c'est Rommel le Boche !"
Frédéric Mougel vient d'entrer dans la cour. Il m'a tout de suite repéré. J'aurais préféré que ce gros con aille à Théophile-Gautier à la place d'Antoine Carré. C'est lui qui a commencé à m'appeler Rommel et Hitler et qui a expliqué à tous les copains qui c'était et que les Allemands étaient tous des salauds. Cet emmerdeur va faire pareil à la grande école. Vivement le collège.

On rentre en classe, notre institutrice s'appelle Corinne Ginimo, elle a l'air très sévère, je m'assieds au troisième rang à côté de Thierry Fornerie. Frédéric Mougel s'est mis au fond dans une autre rangée.
Elle fait l'appel. Je suis le dernier sur la liste. Evidemment, elle me demande d'où vient mon nom de famille. Je lui réponds. J'entends Frédéric Mougel pouffer de rire.

Je sais écrire mon nom, mon prénom, quelques mots appris à la maternelle, plus les lettres que maman me demande de reconnaître dans ses magazines. J'espère que les autres ne savent pas trop lire.

Ernst apprend à lire quand on libère son œil droit. Il se dépêche. Il faut neutraliser cet œil le plus souvent possible.
On lui fait cocher les *e* dans les magazines avec l'œil gauche. Une page par jour. Parfois, il change de lettre mais c'est moins rentable. Il y a tellement de *e* sur une page.

Pour intensifier sa rééducation, Ernst se met à enfiler de minuscules perles, à faire des colliers suivant différents modèles appris à l'école avec Mme Ginimo, à les offrir à sa mère et à M. Salavoux.
L'œil reprend vie. Lentement. Ernst peut lire quelques grosses lettres avec son œil gauche sur l'écran du cabinet ophtalmologique.
Ses parents, M. Salavoux qui s'est attaché au petit Ernst, l'orthoptiste, tout le monde exprime sa satisfaction.
Mais cet œil qui se remet à vivre gêne Ernst. Il doit le fermer pour trouver sa balle jaune dans le coffre à jouets, sinon toutes les couleurs se mélangent et impossible de trouver quoi que ce soit.

"Tu ne vas pas offrir un collier de perles à ton ophtalmo, quand même ?"
Papa vient fourrer son nez dans mes affaires.

"Pourquoi ? Je l'aime bien... Tu ne le connais même pas.

— Laisse-le faire, Horst."
Pour maman, ce qui compte, c'est que j'y voie clair.

Chez M. Salavoux, je commence toujours par l'écran à lettres qui est accroché sur le mur d'en face. M. Salavoux glisse un morceau de papier plié sous ma lunette droite et il faut que je lise les lettres. Souvent, le papier me gêne : ou il y a un pli qui me rentre dans l'œil ou qui frotte sur mes cils, ou je vois dans un coin et j'ai du mal à me concentrer. Maman et M. Salavoux discutent comme des pipelettes, je dis les lettres que je vois. Quand j'ai lu tout l'écran, M. Salavoux fait tourner une vis et d'autres lettres, plus petites, apparaissent. Il y a toujours un moment où mon œil commence à sauter et je n'arrive plus à faire la différence entre un N et un V, un R et un B. J'essaie, je ne dis rien, M. Salavoux me dit "Après ?", je regarde en coin pour empêcher mon œil de

sauter mais il saute quand même, je dis “Je ne vois plus”. Ensuite, M. Salavoux met un petit tableau en bois dans ma main. Sur ce tableau, il y a des textes. Le premier est facile, les lettres sont normales, le dernier est écrit en pattes de mouches.
Avec l’œil droit, j’arrive tout juste à lire le dernier. M. Salavoux me fait commencer directement à l’avant-dernier. Avec l’œil gauche, je commence tout en haut.

Maintenant, je suis à l’aise sur le premier. M. Salavoux m’arrête au bout de trois ou quatre mots.
Sur le deuxième, je peine déjà mais j’arrive quand même à deviner. Sur le troisième, je ne vois plus que les mots de deux lettres, le, la, et, je me perds dans les mots plus grands. Je vois la première lettre et, dès la deuxième, je ne sais plus où je suis. Je saute à la fin du mot, je déchiffre la dernière lettre, maman et M. Salavoux papotent, je m’accroche à la dernière lettre et j’essaie de remonter dans le mot, je me perds, je choisis un mot plus court, mon œil bondit dans tous les sens comme une balle de ping-pong, j’abandonne.

On vient tellement souvent que maman et M. Salavoux s’entendent comme larrons en foire. J’aime bien M. Salavoux. Il m’aime bien aussi, il voit que je travaille dur.
Quand mon œil a fait des progrès, maman fait la folle au volant de la Simca 1000 sur le chemin du retour.

Quand Ernst décide de faire un collier pour quelqu'un, il sort tous ses pots de perles et les aligne sur son bureau. Il choisit les couleurs, le modèle, verse un peu de chaque couleur dans le couvercle de chaque boîte sélectionnée. C'est plus pratique pour enfiler les perles et cela permet de les ranger sans avoir à les trier.
Ernst fait un collier en forme d'échelle. Les montants sont bleus, les barreaux blancs. C'est un modèle compliqué : il faut deux aiguilles et deux fils, Ernst veille à ce qu'ils ne s'emmêlent pas.

M. Wommel s'approche de lui.

"Est-ce que tu as coché tes *e* ?

— Non.

— Alors fais-le.

— J'en ai marre.

— Comment ça, t'en as marre ?

— J'ai pas envie de cocher des *e*.

— Il ne s'agit pas d'en avoir envie, il s'agit de le faire.

— Mais je fais un collier, c'est pareil.

— Assez discuté, tu te lèves, tu laisses ces putains de perles et tu viens avec moi dans la cuisine. Je veux que tu aies fait tes deux pages avant que maman soit rentrée de chez le coiffeur.

— D'abord, c'est pas deux pages, c'est une…"

M. Wommel attrape son fils sous les bras et l'arrache de sa chaise. La violence du mouvement renverse les deux pots de perles ouverts. Ernst quitte sa chambre dans les bras de son père, alors qu'une pluie de perles bleues et blanches se répand sur le linoléum. Ernst éclate en sanglots.

"Mes perles ! Tu les as toutes renversées, elles sont mélangées, maintenant.

— On verra ça plus tard."

M. Wommel pose son fils dans la cuisine.

"Assieds-toi."

Ernst s'assied. Son père va chercher un exemplaire de *Elle*, le magazine de Mme Wommel, il le feuillette et le tend à l'enfant.

Il a choisi un article de deux pages sans aucune photo. M. Wommel s'assied à côté de lui.

"J'y vois rien du tout avec les larmes.

— Débrouille-toi. Attends que ça sèche."

Ernst enlève ses lunettes, essuie ses yeux, le verre gauche et la ventouse sur le verre droit, remet ses lunettes et commence.

Quand il a fini le premier paragraphe, M. Wommel vérifie.

"Tu en as oublié quatre. Ça fait beaucoup pour un paragraphe. Alors écoute-moi bien : je te laisse faire tes deux pages tranquillement, à ton rythme. Tu m'appelles quand tu as terminé. Pour chaque *e* oublié, ça fera un jour où je ne t'adresserai pas la parole. Je n'aime pas qu'on se moque de moi."

M. Wommel se lève et quitte la pièce.

Ernst avance lentement.
De temps en temps il s'arrête, fait glisser ses lunettes sur le bout de son nez et feuillette le magazine. Quand il libère ainsi son œil droit, il sent toujours violemment la présence inhabituelle d'une image transmise par son œil gauche à son cerveau. Cette sensation s'estompe au bout d'une petite minute, il remonte ses lunettes, ajuste le bord de la ventouse autour de son œil droit et reprend le travail.

Quand Mme Wommel rentre de chez le coiffeur, Ernst en est au premier tiers de la deuxième page.
Elle dépose une bise sur la joue de son fils, il glisse les doigts dans ses longs cheveux blonds.
"T'es pas allée chez le coiffeur ?
— Si.
— Mais il n'a rien coupé !
— Si, les pointes. Continue mon chéri."
Elle disparaît.
Ernst n'en peut plus, il s'arrête quasiment à chaque phrase, son ventre gargouille de lassitude.
Il ferme les yeux, pose une joue sur la page, puis sur la table en Formica, suit les dessins du plastique avec ses doigts.

Régulièrement, la voix de son père lui parvient du salon.
"Tu as fini ?
— Non."
Plus de trace de Mme Wommel.

Une éternité plus tard, Ernst arrive en bas de la deuxième page. Relire le tout pour chercher les ratés est au-dessus de ses forces. Même en trichant avec l'œil droit.

"J'ai fini."

M. Wommel vient s'asseoir près de son fils. Ernst a enlevé ses lunettes, il décolle la ventouse, regarde son père et attend le verdict. Quatre.

"Nous sommes samedi, je ne t'adresserai pas la parole avant mercredi matin."

M. Wommel se lève et quitte la cuisine.

Ernst retourne dans sa chambre. Il ramasse toutes les perles qu'il trouve au sol et commence à les trier. Les dégâts sont limités : les deux boîtes sont restées à moitié pleines.

Aujourd'hui, j'ai fait un collier de fleurs alignées, une page de *e*, on a mangé du goulasch, on est allés se promener en forêt, Max et moi on a joué au ballon, on est rentrés, j'ai pris un bain, on a mangé une salade de radis et de la charcuterie, Max et moi on s'est couchés, maman est venue nous embrasser, papa n'a embrassé que Max, comme hier soir et il a éteint la lumière.
Il ne m'a pas adressé la parole de la journée, comme prévu. Il ne m'a même pas regardé.
J'allais m'endormir quand j'ai entendu papa et maman se disputer en allemand dans la cuisine. Maman avait l'air très en colère, elle avait cinq fois plus de choses à dire que papa. Normalement, je n'aurais pas dû les entendre. Papa et maman parlent très très rarement allemand. Seulement quand ils se disputent et que Max et moi, on dort. Ça me fait drôle de les entendre crier dans une langue que je ne comprends pas. C'est comme si je ne les connaissais pas, ils ont même une voix différente.
Si Frédéric Mougel avait été là, il aurait dit "sales Boches".
Au bout d'un moment, ils se sont tus.
Papa est entré dans la chambre.

J'ai fermé les yeux.
Il s'est assis sur mon lit, il s'est penché et il m'a appelé doucement.

"Ernst ?

— Oui ?

— Excuse-moi."

Je n'ai rien dit.

"Tu veux bien ?

— Oui."

Il m'a serré dans ses bras et il m'a embrassé. Il pleurait. Je l'ai serré le plus fort possible, j'étais un peu gêné, c'était la première fois que papa pleurait et c'était aussi la première fois qu'il me demandait de l'excuser pour quelque chose qu'il avait fait.
Comme il pleurait de plus en plus fort, il a enfoncé sa tête dans mon oreiller pour ne pas réveiller Max.
J'ai dit "chhhht" et "c'est rien", comme me dit maman quand je pleure.
Quand il est parti, j'ai retourné mon oreiller parce qu'il était tout mouillé.

“Eh oui nous nous retrouvons au parc des Princes où Saint-Etienne et Nantes s’affrontent pour cette finale de la Coupe de France, c’est Hervé Revelli qui a le ballon…”
Max court dans l’appartement des Wommel en commentant un match. Il a enfilé un short de foot par-dessus son pyjama bleu et rouge en pilou.

“… une passe à son frère Patrick alors que Johnny Rep déboule sur l’aile gauche et appelle le ballon, et Patrick Revelli l’a vu et voici qu’il lui passe le ballon, Johnny Rep, Johnny Rep…”
Max slalome entre les chaises, la table de la salle à manger, les fauteuils, les plantes vertes du salon et le canapé dans lequel Ernst lit son *Robin des Bois* illustré.
Il shoote dans une gomme.
Il la ramasse, la lance, coup de tête, deuxième coup de tête, tir, “… JOHNNY REP CENTRE POUR SARAMAGNA, TÊTE DE SARAMAGNA ET C’EST LE BUT !… BUT !…

— Max…

— ET VOICI QUE SAINT-ÉTIENNE GAGNE LA COUPE DE FRANCE GRÂCE A CE BUT…

— Max !”

M. Wommel n'aime pas quand Max fait semblant de ne pas l'entendre.

"Quoi !

— Fais attention au kentia.

— Oui...

— Tu dis oui mais tu n'y fais pas attention ! On va bientôt être obligé de la foutre en l'air, cette plante.

— Mais non.

— Mais si ! Il ne lui reste plus que cinq feuilles.

— Pff...

— ... Et mets tes chaussons nom de Dieu. Tu vas encore attraper la mort sur le carrelage."

La santé de Max ne lui permet pas de jouer au football dans un club. Quant à Ernst, il a toutes les difficultés du monde à apprécier la trajectoire du ballon. Il ne joue pas au foot du tout.

Au retour des vacances de Noël, Mme Ginimo est remplacée par M. Farnat.
La directrice de l'école vient le présenter à la classe en annonçant que Mme Ginimo s'est cassé une jambe aux sports d'hiver, qu'elle reviendra au printemps.
M. Farnat est très grand et très maigre, son costume et sa cravate impressionnent les enfants. Ernst pense “il porte une cravate comme les gens qui sont obligés d'en mettre pour aller au bureau”.
La directrice lui donne la liste des élèves et sort.

“Ah, il y a un jeune Allemand parmi nous, n'est-ce pas ? Qui est Ernst Wommel ?”

Ernst a envie d'écrire une carte postale à Mme Ginimo. Mme Wommel l'aide à la rédiger, la met sous enveloppe et Ernst la porte dans le bureau de la directrice.
Une semaine plus tard, Ernst reçoit une réponse de son institutrice.

Mon cher Ernst,
Ta petite carte m'a fait bien plaisir. Je suis très touchée de savoir que tu penses à moi.

Ma jambe cassée est toujours plâtrée. Si tout va bien, je reviendrai en classe courant mars. Sois bien sage avec M. Farnat.
Je t'embrasse affectueusement.

Cette lettre trouble profondément Ernst.
Comment sa carte postale a-t-elle pu faire tant plaisir à Mme Ginimo ? Et comment imaginer qu'elle l'embrasse affectueusement, alors qu'ils se disent à peine bonjour le matin et qu'elle lui crie dessus quand il bavarde avec son voisin ?

Nous mangeons chez les Faure. Ils habitent à Goussainville, tout près de l'aéroport et aujourd'hui les avions vont faire des démonstrations. Chez les Faure, nous serons aux premières loges.

Déjà dans la voiture, les avions volent sur place ou dessinent des huit de fumée dans le ciel. On ne les entend pas et, tout à coup, un terrible vacarme vient secouer la Simca 1000. J'ai peur.
Papa ne sait pas pourquoi on ne les entend que par intermittence.
Maman dit que cela doit être fonction de l'orientation des vents et des moteurs.
Max commente un match de football qui se joue dans sa tête.
M. Faure travaille dans le même bureau que papa. Je ne connais ni sa femme ni ses enfants. C'est la première fois que nous mangeons chez eux.

Le dessert avalé, Max m'a laissé seul avec les grands. Il est descendu à la cave avec Ghislaine, la fille Faure, pour voir la souris blanche qu'elle tient en cage. Je n'ai pas envie de voir une souris blanche dans une cage, à la cave en plus.

Nous sommes sur le balcon, cou cassé vers le ciel. Papa, maman, M. Faure, Mme Faure, la grand-mère de la maison, Loïc, le grand frère de Ghislaine, Estelle sa femme, et moi. Nous regardons les avions faire des cabrioles inhabituelles dans le ciel.
M. Faure a lu un article dans le journal.
“Le Salon du Bourget est avant tout un marché. Chaque exposant s’efforce de montrer que son avion est le plus beau, le plus rapide et le plus maniable.”
Un énorme avion de ligne décolle quasiment à la verticale. On n’est jamais montés en avion. Papa n’est pas rassuré.

“Regardez-le celui-là. Ça ne doit pas les arranger ces gros mastodontes de déconner comme ça.

— C’est incroyable.”
Mme Faure est fascinée.
L’avion vient virevolter au-dessus de nos têtes, puis il part faire une ronde plus loin.
Maman veut que j’enfile ma casquette. Ça serait trop bête de faire une insolation. Dans la maison, juste derrière nous, le bébé d’Estelle et Loïc pleure dans le landau. Il doit avoir trop chaud sous son édredon.
J’enfile ma casquette, l’avion est à nouveau au-dessus de nos têtes, il pique, ouaaah, il va de plus en plus vite, le pilote va attendre le dernier moment pour tirer sur le manche à balai, mais le feu prend sur l’aile gauche, M. Faure hurle “Couchez-vous”, c’est chacun pour soi, je plonge dans la maison, sous une chaise sous la

table sous les assiettes à dessert, les parts de tarte aux myrtilles entamées, à côté de moi le berger allemand tremble comme une feuille, le pauvre Sultan se remet à peine d'une fracture du crâne, il a été renversé par un bus deux mois plus tôt, je pose ma main sur son dos, j'entends maman crier, elle appelle Max, le bruit se rapproche, assourdissant, le ciel nous tombe sur la tête comme dans *Astérix*, le ciel est troué, la maison Faure s'engouffre dans le trou du ciel, bien joué, maman appelle Max, elle va s'arracher la voix, le bruit est plus que bruit, c'est le bruit qui va nous tuer ?... Non, c'est fini, Sultan se calme, M., Mme, Estelle, Loïc et la grand-mère Faure se sont affalés où ils ont pu, maman est debout à côté de moi, bras croisés, elle ne crie plus, Max surgit de la cave, attiré par le bruit, les cris, il nous voit presque tous allongés au sol, la fumée noire et âcre et l'odeur entêtante qui s'engouffrent dans la maison par les grandes fenêtres lui coupent la chique ("C'est l'odeur du kérosène et de la mousse brûlée", nous dira M. Faure), Ghislaine apparaît derrière lui, on se relève tous, personne n'est blessé, M. Faure s'excuse de nous avoir invités ce jour-là, Mme Faure pleure et dit "Seigneur, c'est horrible", maman nous attrape, Max d'une main, moi de l'autre et nous serre dans ses bras.

Et papa ?

Papa est toujours sur le balcon, accoudé à la rambarde.
Il n'a pas bougé d'un centimètre. Il n'a pas entendu Robert Faure hurler "Couchez-vous", il

n'a rien vu, Robert lui passe un savon, il aurait pu s'en prendre plein la poire, et c'est vrai qu'il aurait pu s'en prendre plein la poire, il aurait pu se prendre le cendrier d'accoudoir qui a coupé en deux Moulinette la tortue dans le jardin, il aurait pu se prendre des morceaux de moteur catapultés par une explosion sur les gens qui déjeunaient dans leur jardin, les enfants qui jouaient dans les bacs à sable, troués, il aurait pu se prendre les miettes du cockpit qui (par chance) a choisi la maison des voisins d'en face (absents) plutôt que la maison Faure qui, elle, a protégé tout son petit monde.

"Et toi maman, pourquoi tu ne t'es pas allongée ?

— Je n'y ai pas pensé.

— Et pourquoi tu appelais Max ?

— Je voulais qu'il soit avec nous.

— Pourquoi ?

— Qu'on meure ensemble ou qu'on survive ensemble. Ensemble. Tu comprends ?

— Oui."

Papa n'était pas convié.

Je sors.

Un avion s'écrase, papa se fige, maman monte la garde près de moi et appelle mon frère.

Ernst est sorti, il marche.
Images, le nez pointu qui lui pique dessus, les hublots du cockpit, le même nez pointu dans un champ de maïs, le même cockpit éventré chez les voisins de M. et Mme Faure, uniformes sanglants, incendie, film de poussière sur tout, mousse, fauteuils vides sur les trottoirs, câbles électriques au sol, un bras arraché, cris et pleurs devant les maisons, une vieille dame qui tapote son nez avec son mouchoir et dit "C'est comme pendant la guerre !", toits soufflés, trous dans le bitume, silence, puis oiseaux qui se remettent à chanter, puis sirènes, pompiers, policiers, badauds rassemblés autour du nez dans le champ de maïs, ruinant la future récolte, emportant un morceau, une relique.

A son retour, Ernst sent que tout le monde s'inquiétait de son absence. Cependant, personne n'ose le lui dire. Circonstances exceptionnelles. Il s'assied dans un fauteuil et attend.

Quand les pompiers et les policiers les autorisent à quitter la banlieue sinistrée, les Wommel embrassent rapidement les Faure et s'engouffrent dans la Simca 1000 couverte de poussière mais intacte.

D'incroyables embouteillages encombrent la route. Contrairement à son habitude, M. Wommel ne peste pas contre la lenteur du trafic, il conduit calmement et silencieusement, il ne tambourine pas sur le volant, il ne grille pas cigarette sur cigarette. Mme Wommel, Max et Ernst regardent le paysage. Chacun à sa fenêtre, bien enfoncé dans son siège.
L'ambiance est moins que jamais aux discours.

Un jour, j'écraserai Ernst comme on fait péter un sac en papier. Il m'énerve.
Quand il parle il m'énerve, quand il se tait il m'énerve, quand il rit, quand il pleure, quand il veut jouer avec moi, quand il court, quand il marche, quand il met des coups de pied dans les cailloux, quand il nous regarde jouer au foot dehors, moi et mes copains, quand il me regarde avec son œil caché, quand il fait ses devoirs, quand il dort, quand il lit, surtout quand il rit en lisant, là il m'énerve vraiment à mort.

On ne peut rien faire avec lui. Maman dit, vous n'avez que deux ans de différence, Ernst n'est plus un bébé, joue avec lui de temps en temps, c'est pas la mer à boire.
On voit que c'est pas elle qui se le farcit du matin au soir, ce cafard, ce nul…

M. Salavoux va opérer Ernst. Son œil gauche a fait suffisamment de progrès, c'est le moment de corriger le strabisme.

Mme Wommel attend Ernst dans sa chambre d'hôpital. Elle joue avec Stéphane, deux ans et demi, le fils de M. Salavoux. Comme il n'avait personne pour le garder ce jour-là, Salavoux a demandé à Mme Wommel si ça ne la dérangeait pas, pendant l'opération…
Echange d'enfants.

La veille, les infirmières ont expliqué à Ernst qu'il devait tout repérer dans sa chambre et dans sa salle de bains, car il allait avoir une bande sur les deux yeux pendant quelques jours après l'opération.
Ernst a essayé de tout enregistrer. Place du lit, place de la table de nuit, entrée de la salle de bains et dans la salle de bains, place des toilettes, du papier-toilette, du lavabo, de la brosse à dents et du dentifrice, du savon, du porte-serviette… Il s'est senti prêt, un peu excité même.
Ne plus rien voir pendant quelques jours.

Ernst est allongé sur la table d'opération, la pré-anesthésie l'a installé sur un nuage, le Dr Salavoux vient d'arriver au-dessus de lui, ils se regardent, personne ne parle, Salavoux a l'air très concentré, on fait la dernière piqûre, Ernst compte jusqu'à deux et s'endort.
A côté du Dr Salavoux, Ernst n'a pas reconnu le professeur Gasty venu assister son ancien élève.
Dans chaque poche de sa blouse, Salavoux a glissé un collier de perles.

Je n'ai plus le droit de fixer.

Je ne regarde plus la télé, je ne regarde plus la route en voiture, je ne regarde plus rien. Comme quand j'étais petit et que je ne pouvais rien regarder parce que je ne voyais plus rien.

Je regarde dans le vague.
Sinon, des muscles vont péter dans mes yeux.

Tout le monde m'aide.

Je ne regarde plus le tableau à l'école, je n'écris plus, Thierry Fornerie remplit mon cahier de textes. J'écoute toute la journée. M. Cotelle, l'instituteur, dit que ce n'est pas grave, que le CE2 n'est pas une classe très difficile, que je me débrouille très bien à l'écrit et que je dois en profiter pour faire travailler ma mémoire.

Au début, il a décidé que je resterais dans la classe pendant les récrés, je n'ai pas voulu, personne ne m'avait dit que je serais interdit de récréation, il avait trouvé ça tout seul, il m'a quand même gardé un jour.

Le lendemain, maman lui a fait un mot et j'ai pu retourner dans la cour avec les copains.

Le cafard n'a plus le droit d'y voir, ça lui donne une tête de con, il n'en avait pas besoin, on a envie de lui foutre des claques.

Cette nuit j'ai rêvé que Mme Quairon, mon instit, m'envoyait porter quelque chose dans la classe de M. Cotelle, je frappais à la porte, personne ne répondait, la porte était entrouverte alors je la poussais, et là, je voyais M. Cotelle vautré sur son bureau dans une mare de sang, il y avait des enfants allongés par terre, d'autres sur les tables, sous les tables, encore d'autres accrochés aux lustres, tous égorgés. Je courais chez la directrice pour la prévenir, elle ne me croyait pas, je l'emmenais jusqu'à la classe de M. Cotelle pour lui montrer, elle entrait, se mettait à crier, et là, je me disais que c'était la classe de Ernst, je regardais partout, sur les tables, sous les tables, au plafond, je ne le voyais pas, je me disais qu'il fallait absolument que je le trouve parce que sinon j'allais me faire engueuler, la classe devenait de plus en plus grande, il y avait toujours plus d'enfants égorgés et toujours pas de Ernst et alors il arrivait à la porte, il disait "Qu'est-ce qui se passe ?", je lui demandais “T’étais où ?”, il répondait “Allé faire pipi”. Il avait son regard d’illuminé, c’était bien lui.

Papa et maman n'ont pas de famille en dehors de Max et moi : en Allemagne, plus personne n'existe et en France, Max et moi, on est les premiers.
Je ne sais pas ce qui est arrivé à leurs parents. On n'en parle jamais.
Je n'ai jamais été en Allemagne, je n'ai jamais vu d'autre Allemand que papa, maman et Max, mais quand je compare avec les copains à l'école, leurs parents, leurs habitudes, je vois que je ne suis pas comme eux, qu'on n'est pas comme eux, qu'on est des Allemands en France, quoi.

Une fois, j'ai demandé à maman : "Comment ça se fait qu'on n'a pas de grands-parents nous, les autres, à l'école, ils ont des grands-pères et des grands-mères ou au moins un des deux, on les voit qui viennent les chercher à la sortie."
Maman essayait de coincer ses cheveux derrière ses oreilles, le vent les ramenait systématiquement sur son visage.

"Tu as raison, je les ai vus.

— Qui ?

— Les grands-pères et les grands-mères des autres à la sortie de ton école.

— Alors ?
— Les tiens sont morts.
— Les quatre ?
— Les quatre.
— Les parents de papa et les tiens ?
— Oui.
— Quand ?
— Il y a longtemps.
— Tous en même temps ?
— Mais non…"

Maman avait renoncé à coincer ses cheveux derrière ses oreilles, ils ondulaient librement devant ses yeux et sur ses joues.

Là, j'ai senti qu'elle retenait ses larmes.

Je ne me voyais pas demander comment ils étaient morts, mes grands-parents.

Ich bin
Du bist
Er ist
Sie ist
Wir sind
Ihr seid
Sie sind

Ernst geht in die Schule.

La veille de mon premier cours d'allemand, j'étais surexcité, j'ai à peine dormi. Depuis je me suis habitué. C'est la matière où j'ai les meilleures notes. J'ai de bonnes notes partout mais l'allemand c'est dix-huit de moyenne. Le vocabulaire rentre dans ma cervelle comme dans du beurre, je maîtrise les déclinaisons, surtout à l'écrit. A l'oral, je me plante encore pas mal.

Ich habe Durst.

Mme Ladurée organise un échange avec un collège de Sarrebruck. Nous sommes en quatrième, après deux ans et demi d'allemand, nous devrions pouvoir nous débrouiller dans les familles.

Nous remplissons des fiches, décrivons nos centres d'intérêt, je me demande quoi mettre, je choisis natation et cinéma, je vais à l'ASSU natation une fois par semaine depuis la sixième et je vais au cinéma de temps en temps avec mes parents.
Un matin, Mme Ladurée nous annonce qu'elle a réparti les correspondants. Elle nous prévient que ce n'est pas la peine de râler, qu'on ne peut pas changer, qu'elle a essayé de faire au mieux.

Rolf Bauer.

Rolf Bauer und Ernst Wommel.

Il a treize ans comme moi, il a un frère et une sœur, il est le dernier des trois, il fait beaucoup de sport.
Sur sa fiche, il a collé une photo de vacances prise à la montagne. Il tient des skis, il a remonté ses grosses lunettes en plastique jaune sur son front, il est tout bronzé sauf autour des yeux.
J'espère qu'il ne fait pas de basket, de hand ou de foot. Je suis nul dans les sports de balle, je n'arrive jamais à attraper les passes, Rolf me trouvera con s'il aime ça, on ne s'entendra pas, je ne m'entends pas avec ceux qui aiment les sports de balle. Moi, j'ai besoin de ma ligne d'eau ou de mon couloir, d'accord pour la compétition mais qu'on se batte sans se toucher.

Dans la classe, chacun montre la photo de son correspondant.

Les garçons s'agitent : ou ils ont hérité du plus nul, ou ils ont été associés avec des filles car il manquait des garçons dans la classe allemande. "Regarde le boudin qu'on m'a collé", "T'as vu la gueule de conne"…

Les filles sont plus silencieuses, elles n'ont rien à prouver, elles attendent de voir si elles pourront s'entendre avec leur correspondante.

Frédéric Mougel me demande de lui faire voir le mien. Je le lui montre.

"Oh t'as de la chance, le tien il fait du ski."

Je me tais.

Le soir, Ernst décrit Rolf à ses parents. Il n'a pas pensé à emporter sa fiche.
Ils écoutent attentivement, notent l'excitation que ce voyage suscite chez leur fils, se demandent comment il va pouvoir vivre les quinze jours qui restent avant le départ.

"Et quand est-ce qu'il va venir, lui ?"
M. Wommel a le front plissé.

"Dans deux mois, fin mai, pourquoi ?

— Pour rien. Le but de cet échange est de progresser en langues, nous sommes bien d'accord ?

— Ben oui. Et aussi de voir comment les gens vivent dans un autre pays.

— J'aimerais qu'une chose soit claire : quand Rolf viendra à la maison, nous ne lui parlerons qu'en français !"
Ernst transpire.

"Oui oui. C'est clair, papa.

— Alors, c'est parfait."
Mme Wommel sourit à son fils.

"Ne t'inquiète pas, tout se passera très bien. On fera comme d'habitude."
Ernst ne voit pas de quoi sa mère veut parler. Chez les Wommel, on n'a pas l'habitude de recevoir des étrangers à la maison.

Le train a traversé la Champagne, l'interminable Lorraine, ses grandes plaines brumeuses, il est arrivé à Forbach, les douaniers français ont contrôlé les papiers, les douaniers allemands aussi, le train roulait déjà vers Sarrebruck. La plupart des élèves ont présenté une carte d'identité, sauf Djamel Tayeb et Ernst. Djamel a montré son passeport marocain, dans lequel se trouvait un visa, Ernst a montré son passeport allemand, Ernst Wommel, citoyen de la République fédérale d'Allemagne. Les douaniers lui ont parlé en allemand, un peu vite, il n'a pas bien compris, a rougi. Frédéric Mougel, qui avait chahuté pendant tout le voyage, était bien calme, tout à coup. Impressionné.

Le train roule lentement, Sarrebruck est très près de la frontière.
Ernst est collé à la vitre. Il quitte la France pour la première fois. Ce qu'il découvre derrière la fenêtre le projette d'emblée dans une palpitante aventure, il se sent pousser des ailes, une âme d'explorateur.
Les maisons lui semblent plus massives, les feux tricolores sont jaunes, les voitures ont des plaques d'immatriculation blanches, il

y a beaucoup de Volkswagen, d'Opel et de Mercedes.

Après quelques minutes seulement, le train entre en gare.

SAARBRÜCKEN-HAUPTBAHNHOF.

Il pleut.
Nous descendons du train, chacun vérifie qu'il n'a rien oublié, nous courons vers l'escalier pour rejoindre le hall de la gare.
Je repère Rolf au premier coup d'œil mais je fais semblant de rien, j'attends comme les autres que la prof désigne ma famille. Rolf parle avec un garçon, il me cherche, je pense qu'il ne m'a pas encore vu, ou alors il fait comme moi, il attend.
Tout le monde a le trac, certains crient et sautent dans tous les sens, d'autres se taisent et observent, les couples commencent à se former, Mme Ladurée est très concentrée sur le travail de répartition des petits Français dans les familles allemandes.
On appelle Rolf, on m'appelle, je ramasse ma valise et me dirige vers la main levée, il est plus grand que moi, il me regarde, prend ma valise et me fait signe de le suivre. Ses parents me serrent la main, *"Hallo Ernst !" (hallo ??)*, *"Guten Tag"*, soyons poli, on fera mieux plus tard.
Nous quittons le hall, Mme Bauer me fait de grands sourires, *"War die Reise schön ?"*, j'ai compris, *"Ja !"*, je m'engouffre à l'arrière de la Passat à côté de Rolf, je vois par la fenêtre

Thierry Fornerie monter dans une sorte d'énorme camping-car, M. et Mme Bauer se parlent, je comprends *"Supermarkt"*, on va sûrement commencer par aller faire des courses, on démarre. Tout en discutant avec sa femme, M. Bauer m'observe dans le rétroviseur.
Mme Bauer se retourne vers moi.

"Avant de rentrer à la maison, nous allons au supermarché pour faire des courses. *Verstehst du ?*

— *Ja ja.*

— Es-tu fatigué ?

— Non. Ça va.

— Très bien."

Mme Bauer parle très lentement pour que je comprenne.

"Ernst Wommel, c'est un nom allemand, ou peut-être que tu es alsacien ?"

M. Bauer est un homme direct.

"C'est allemand.

— C'est bien ce qui me semblait."

Je réfléchis une minute pour préparer mon explication.

"Mes parents sont allemands mais je suis né en France et j'apprends l'allemand à l'école. On ne parle jamais allemand à la maison."

M. Bauer me dit quelque chose que je ne comprends pas, je me retourne vers Rolf.

"Mon père dit… c'est bizarre… tes parents ne parlent pas allemand avec toi."

C'est la première fois que j'entends sa voix. Il se débrouille bien en français, ça peut servir.

"Oui… mes parents ne veulent plus parler allemand."

Terrain miné, silence dans la voiture.

Au supermarché, beaucoup de produits sont différents, les prix en marks donnent l'impression que tout se vend une bouchée de pain. Mme Bauer me demande si j'aime le fromage, les céréales, la charcuterie, oui j'aime tout, sauf les choux de Bruxelles, mais je n'en vois pas dans le caddie.
Le rayon charcuterie est immense, il y a plus de sortes de saucisses et de saucissons que je n'en ai jamais vu.

Les Bauer habitent un petit appartement à l'écart du centre-ville. On m'installe dans la chambre de Rolf.
Il y a des lits superposés, Rolf me demande de choisir, je prends celui du bas, je n'ai jamais dormi dans un lit en hauteur, si je tombais j'aurais l'air malin.
On me présente Petra, quinze ans, et Klaus, dix-sept, la grande sœur et le grand frère de Rolf. Ils sont en train de faire leurs devoirs, Petra dans sa chambre et Klaus dans la salle à manger.
Dix-sept, quinze, treize, un tous les deux ans.
C'est Klaus qui m'a laissé son lit, et son bureau par la même occasion. Je n'ose pas lui dire qu'il peut quand même travailler dans sa chambre, que ça ne me dérange pas.
La cuisine est une grande pièce, la table est longée sur deux côtés par un banc fixé au mur, je trouve ça très sympathique.

"Ernst, tu dois faire comme chez toi et si tu as besoin de quelque chose, n'hésite pas à le demander."
Mme Bauer sent que je n'ai pas l'habitude d'aller chez les gens et encore moins de m'y sentir chez moi.

Je défais mon sac, range mes habits dans l'armoire de Rolf, M. Bauer vient me voir.

"Ernst, on va courir dans la forêt. Tu viens avec nous ?

— Oui.

— Tu as des chaussures de sport ?

— Oui."

Je lui montre mes baskets.

"*Turnschuhe.* C'est très bien."

On dit *Turnschuhe* pour baskets.

J'espère que je vais réussir à suivre.

"Tu comprends très bien, on va pouvoir discuter."

L'air est surchargé d'humidité mais il ne pleut plus.

Je n'ai pas de mal à suivre, je pense qu'ils règlent leur rythme sur le mien.

Ça rigole pas mal, on me fait des sourires, M. Bauer accélère, Rolf ralentit, nous nous laissons distancer par Klaus, Petra et leurs parents.

"Ils aiment bien faire la course.

— Ah.

— On les rattrapera à la fin."

Les autres ont déjà disparu devant.

"Ça va ?

— Oui."

A ma grande surprise, l'allure me convient, je n'ai pas de point de côté, je ne suis pas trop essoufflé. Rolf m'accompagne. Je lui dis que je n'ai pas l'habitude de courir.

Au retour, on m'offre le privilège de la première douche. J'ai sué comme un bœuf, je suis tout rouge.

Le repas du soir ressemble aux dîners de ma mère. Il se compose en grande partie de charcuterie. Il y a plusieurs plats sur la table, chacun prend ce dont il a envie, on peut manger de tout en même temps, une petite assiette remplie de salade est posée sur ma droite.
C'est la première fois que je retrouve tout ça hors de chez moi.
Je n'ose pas me servir à boire. A la maison, c'est toujours mon père qui me sert, je verse trop souvent l'eau à côté du verre, surtout quand il y a des rayures sur la nappe. Les rayures brouillent ma "perception des distances". Ici, la nappe est unie mais tant pis. J'irai boire à la salle de bains tout à l'heure.
Je pense à Didier Merlin, Olivier Bécu, Thierry Fornerie, Nathalie Sauveur et les autres. Ils doivent être complètement paumés.
Et Frédéric Mougel chez les Boches.

Après le repas, M. Bauer allume la télé dans le salon pour le journal. *Tagesschau*. Toute la famille s'installe dans le grand canapé, on me laisse le fauteuil. Je ne comprends rien à part les noms. Je suis frappé par le ton du présentateur, on ne peut pas faire plus atone. Valéry Giscard d'Estaing apparaît à l'image, *der französische Präsident Chiskardesteng*, les Bauer me sourient.

Petra sort un jeu de société que je ne connais pas. Ça s'appelle Malefiz, il faut grimper au sommet d'une pyramide avec des pions en lançant un dé. Le premier arrivé a gagné bien sûr.
M. Bauer taquine sa fille, elle râle tout en l'encourageant à continuer, Klaus fait le conquérant

à l'assaut de terres étrangères, Mme Bauer suit son petit bonhomme de chemin en veillant à ce que je comprenne ce qui se passe, Rolf joue avec moi, tout le monde crie quand un pion se fait dégommer. Deux se dit *zwo* et non pas *zwei* comme je l'ai appris à l'école. Mme Bauer m'explique que *zwei*, c'est plus correct, mais qu'on peut dire *zwo*.

Il est dix heures, nous sommes couchés.
Je me suis enfoncé sous la grosse couette, la fatigue et l'excitation résonnent dans mes tempes.

Les Bauer ressemblent aux familles idéales qu'on trouve dans les manuels scolaires d'allemand, gentils, dynamiques, soudés.
Mais je ne suis pas dupe.

J'ai prévenu Mme Bauer que c'était difficile de me réveiller le matin, Rolf que je parle et bouge beaucoup la nuit.

Malgré tout ce qui ressemble à notre vie à la maison, je me sens français en Allemagne.

Ernst met encore plus de temps que d'habitude pour s'endormir.
La fenêtre est entrouverte, il écoute les bruits de la rue, les sirènes, les gens qui passent en parlant, en riant. Toutes ces tonalités inconnues le maintiennent éveillé.

Le lit remue.
Le mouvement est régulier, quasi imperceptible, puis il s'amplifie.
Ernst se fige, il comprend que Rolf se branle, il est estomaqué, il n'aurait jamais osé le faire, sachant que quelqu'un en dessous pourrait ne pas dormir et s'en apercevoir.
Le mouvement devient trop rapide pour que le lit puisse suivre.
Ernst fait le mort.
Là-haut, Rolf étouffe un gémissement.
Plus rien ne bouge.

Rolf est assis sur son lit, ses jambes pendent dans le vide, je suis penché à la fenêtre de la chambre, la rue est décidément très vivante, ça chante, ça rit, ça court dans tous les sens, je sors me dégourdir les jambes, je m'approche d'un carrefour, un avion survole le centre-ville en rase-mottes, je sais que ce n'est pas normal, on ne survole pas une ville en rase-mottes, il est énorme, il vient se planter dans la porte d'entrée en bas de chez Rolf, rue déserte, j'essaie de crier, je ne peux pas. J'erre. Maintenant que tous les Bauer sont morts, je ne sais plus où aller. Mme Ladurée m'emmène chez le professeur qui l'héberge. Elle me tient par la main. J'ai gardé mon oreiller. Voilà au moins une chose que je n'aurai pas à demander dans la nouvelle maison. Mme Ladurée me parle mais je ne l'écoute pas. Quand est-ce que ça s'arrêtera, ces avions qui s'écrasent partout où je passe ? Nous marchons, nous marchons, c'est interminable.
Je me réveille en nage.
Tout est calme, au loin, une sirène de police.

Le lendemain, Rolf et moi partons à l'école. Mme Bauer nous a préparé des sandwiches. Nous traversons un parc à flanc de colline, il faut grimper sec. Je n'aimerais pas me taper cette côte tous les matins pendant des années. Rolf ne se presse pas, il me dit qu'il n'aime pas tellement l'école.
Au sommet de la colline apparaît la Realschule Bellevue, un bâtiment moderne, très carré. La vue n'est pas extraordinaire, le ciel et la ville sont gris, la forêt souligne l'horizon.
J'aperçois un groupuscule de Français surexcités, je m'approche. Ils sont en train de se raconter leur première soirée dans les familles. Bien entendu, tout est tourné en ridicule, les Allemands sont des gens étranges qui se gavent de saucisson et dorment sous une couette alors que draps et couverture, c'est tellement mieux. Frédéric Mougel bondit d'excitation en décrivant "les tarés" qui le reçoivent. Je les plains, ils ont décroché le gros lot, la crème de franchouillard borné et méchant.

L'intérieur de l'école est très moderne. Dans un mois, les Allemands ne vont pas comprendre ce

qui leur arrive quand ils vont découvrir la ruine qui nous sert de collège.
Les cours s'enchaînent à un rythme effréné, ils ne durent que trois quarts d'heure. Pour certains, Allemands et Français sont mélangés. Chacun s'assied avec son correspondant. Sinon, nous nous retrouvons entre Français avec un prof accompagnateur pour un cours d'allemand, d'histoire-géo (sur l'Allemagne) ou de mathématiques. En fin de matinée, Rolf vient me donner mon sandwich. Il est onze heures et demie.

"Il ne reste plus que deux cours, après on ira manger chez mes grands-parents.

— D'accord."

Pendant les pauses, Rolf passe pas mal de temps avec ses copains, c'est normal.
Moi, les Français m'énervent. Je me balade avec Thierry Fornerie qui, comme d'habitude, n'a pas grand-chose à dire.
Nous redescendons en ville par le parc avec Olivier Bécu et son correspondant qui habite dans la même rue que les grands-parents de Rolf. Olivier se tait, il a compris que je n'avais pas envie d'écouter ses jérémiades.

La grand-mère de Rolf nous accueille à l'entrée de l'appartement, un large sourire dévoile son dentier. A côté de son visage réjoui, on peut lire "Rösching", un petit panneau est collé sur la porte.
Nous entrons et passons tout de suite à table. Le grand-père est déjà assis devant son assiette.
Il est très gros, elle est toute menue.
Elle me demande si je comprends un peu l'allemand, Rolf répond que je me débrouille très bien, beaucoup mieux que lui en français.

Le salon-salle à manger est plein comme un œuf. Je me demande comment le grand-père parvient à transporter son gros ventre entre les bibelots sans les faire tomber.
La grand-mère nous lance sur la matinée d'école, le grand-père nous écoute en souriant. Je m'efforce de faire de belles phrases, sujet-verbe-complément ou complément-verbe-sujet-complément, le verbe toujours en deuxième place, l'atmosphère est chaleureuse, le repas excellent.
Personne ne me pose de questions sur mon prénom, Mme Bauer a dû en expliquer l'origine à ses parents.

L'après-midi, piscine, maître nageur sculpté dans la masse, des longueurs, des longueurs et encore des longueurs. J'abats mille mètres pour la première fois. Je sors de l'eau complètement sonné.

Le soir, petit tremblement de terre quotidien.

Nous roulons vers le land voisin, Rheinland-Pfalz.
Le frère de Mme Bauer habite dans un petit village près de Neustadt. Il a commandé des sacs de ciment à l'entreprise dans laquelle M. Bauer est comptable.
La suspension de la Passat accuse le coup.
M. Bauer peste contre sa voiture, elle faiblit dans les côtes.
Rolf a emporté un jeu de cartes. Je lui ai appris le huit américain. On a joué tant que M. Bauer roulait sur l'autoroute, puis on s'est arrêtés car la petite route qui conduit au village serpente dans une forêt. J'ai envie de vomir. Rolf aussi.
Comme le silence s'est fait à l'arrière, M. Bauer s'est mis à parler.

"Gisela, *meine Frau*, n'est pas venue car elle ne s'entend pas bien avec son frère. A chaque fois qu'ils sont ensemble, ils se disputent.

— Tu vas voir, Peter est très sympathique."
Rolf n'a pas l'air d'accord avec sa mère.

"Il habite dans une petite maison en pleine forêt. Il ne descend en ville que pour travailler et faire ses courses. Il est prof d'histoire à Neustadt. J'aimerais bien que mon prof d'histoire soit comme lui."

C'est vrai que le prof d'histoire de Rolf n'a pas l'air commode.

La Passat se gare près d'une masure à cheminée fumante, la maison de Hänsel et Gretel. Un homme se précipite vers nous, cheveux, barbe et moustache au vent. Pas du tout le genre de Mme Bauer, en effet.
Je sors, “Peter”, “Ernst”, on se serre la main. Tout le monde se dirige vers le coffre de la Passat et emporte les sacs de ciment dans une remise, derrière la maison.
On entre.
Peter, Rolf et M. Bauer se déchaussent dans l'entrée, je fais comme eux. Ma chaussette droite a un trou. J'essaie de le faire passer sous mes doigts de pied.
Un autre homme s'approche, Peter fait les présentations, “Ernst, Art”.
Art sourit de toutes ses dents. Ses cheveux sont courts, bruns et frisés. Il me conduit vers un canapé qui fait face à la cheminée.
Peter a préparé un chocolat chaud, nous buvons en silence. M. Bauer a préféré une bière. Il s'est allongé dans une sorte de fauteuil à bascule. Il a enlevé ses chaussettes pour faire rôtir ses pieds. Un chat qui semble le connaître est venu ronronner sur ses cuisses. Rolf est assis à ma gauche, Art à ma droite. A genoux devant nous, Peter rajoute une bûche sur les braises.
M. Bauer ne tarde pas à s'endormir. Il ronfle légèrement.
Il y a une douche près de la cuisinière, aucune cloison dans la maison, juste une grande mezzanine au-dessus de nos têtes. Ça doit être la chambre de Peter.

Rolf explique à son oncle que mes parents sont allemands, qu'ils ont quitté l'Allemagne en 1961 pour s'installer à Paris, que je suis né là-bas.
A la fin du récit, Peter dit *"Na, na !"*.
Je ne sais pas ce que ça veut dire. Je regarderai dans le *Harrap's Weis Mattutat* de Rolf quand nous serons rentrés.

Une heure plus tard, nous repartons. M. Bauer a plein de choses à faire, c'est *Langer Samstag*, le premier samedi du mois, le seul où les magasins sont ouverts toute la journée, il faut aller *einkaufen*, ne pas être en retard pour le dîner.
Dès que nous atteignons l'autoroute, nous reprenons le huit américain. J'ai l'impression d'être chez moi, dans ma voiture, avec mon père, mon frère, je reviens de chez mon oncle, celui qui vit dans la forêt, l'excentrique de la famille.

Na [na] *interj.* allons ! eh bien ! / – ? hein ? / –, – ! allons ! *fam.* par exemple !...

Nous nous couchons, Rolf se penche pour éteindre la lumière.
Quelques minutes plus tard, le lit commence à bouger.
Le mouvement me fait bander.
Si je prends le même rythme que lui, Rolf ne se rendra compte de rien.
Ça m'excite de le suivre.
Je fais une petite pause pour l'écouter. Immédiatement, le lit s'immobilise.
Merde.
Je me sens rougir dans le noir.

Le mouvement reprend, un peu plus rapide.
Je le suis.
Rolf accélère, il pousse un petit cri qui me fait jouir en même temps que lui.
J'enlève mon T-shirt, je m'essuie avec et le roule en boule sous le lit.
Silence.

C'est dimanche, nous partons en excursion. Idar-Oberstein et ses pierres semi-précieuses le matin, Trier et sa cathédrale l'après-midi.

Nous sommes six dans la Passat. Je suis assis entre Petra et Klaus. Rolf est plus ou moins allongé sur nos genoux.
A Idar-Oberstein, j'achète deux porte-clés pour mes parents.

Vers une heure, nous nous installons dans une auberge. Autour de nous, plusieurs couples de vieux déjeunent sagement. Je les observe furtivement, je détaille leur visage, leurs gestes. Je ne peux pas m'empêcher de penser qu'il y a là d'anciens nazis.
Personne ne commande d'entrée. Je prends la même chose que Rolf : un *Wiener Schnitzel Jäger Art.*
La serveuse pose devant moi une gigantesque escalope couverte de sauce marron et de champignons, accompagnée de frites et d'une petite assiette de salade. Je me demande comment je vais avaler tout ça.
"C'est très grand !"
Ça fait rire M. Bauer.

“Ici, c’est une auberge allemande traditionnelle, ils servent toujours des plats énormes.
— Je ne vais jamais pouvoir manger tout ça.
— Commence, tu verras bien.”
Un pépé s’est aperçu que je le regardais avec trop d’insistance. Il me fusille du regard. Je plonge sur mon *Wiener Schnitzel Jäger Art.*

Je suis assis sur un banc public à côté de M. Bauer.
“Tu es content d’être en Allemagne ?
— Oui.
— Tu sais, tu peux revenir quand tu veux à la maison, même sans l’école.”
Je rougis.
“Pendant des vacances, par exemple.
— Il faudra que j’en parle à mes parents.
— Absolument.”
Petit silence. Les autres Bauer apparaissent au bout de la rue. Ils mangent des gâteaux.
“Ils sont originaires de quelle région allemande, tes parents ?
— Je ne sais pas.”
Il faudra que je regarde dans leurs passeports, je les ai trouvés un jour en fouillant dans l’armoire de leur chambre, je n’ai pas osé y toucher, je me suis dit que ça se verrait si je les ouvrais.

Mme Bauer nous tend un sac en papier. J’attrape un pain aux raisins.
“Pas facile à trouver un dimanche après-midi.”

Au retour, je propose à Rolf de prendre ma place dans la voiture. Les trois enfants Bauer

s'installent, je fais mine de leur plonger dessus, grands cris, rigolade, je m'allonge.
La position n'est pas des plus confortables : les six cuisses ne sont pas à la même hauteur.
Le silence règne dans la voiture. Je ferme les yeux.
M. Bauer me pose une question sur les Français, leurs occupations dominicales, Rolf dit à son père que je dors, son bras est sur ma hanche, je fais semblant pendant le reste du voyage. De petites conversations s'engagent, les voix sont détendues, le débit est assez rapide, je saisis quelques bribes, on ne parle pas de moi.

Le soir, on m'apprend un jeu de cartes dont je ne comprends pas le nom.
M. Bauer fait son show. Il s'est habitué à ma présence, il se laisse aller à jouer son rôle de clown familial. Petra et Rolf ne le trouvent pas drôle du tout, il jubile, me fait des clins d'œil.

Comme tous les soirs, le lit commence à bouger. Cette fois-ci, je me lève, je regarde Rolf, il s'arrête quelques secondes, se découvre, sa bite apparaît, dessinée par la lumière de la rue, je tends la main, mon cœur explose, je la touche, je dis "Descends".
Je suis assis au bord de mon lit, Rolf est debout entre mes jambes, nu, j'ai posé mes mains sur ses cuisses.
Je suce Rolf.
Le rythme s'accélère, il attrape mes cheveux, je sens un liquide chaud et salé envahir ma bouche.
Rolf est essoufflé, il se cramponne toujours à mes cheveux.

Sa respiration s'apaise, il remonte dans son lit. Ma bite est si dure qu'elle me fait mal.

Je me lève. J'enfile mon slip pour aller me rincer la bouche dans la salle de bains.

"Où vas-tu ?"

Je ne sais pas comment on dit rincer.

"Boire quelque chose à la cuisine.

— Tu peux me ramener un verre de Coca ?

— OK."

Je passe à la salle de bains, je me rince la bouche, je vais à la cuisine et ramène deux verres de Coca.

Ce soir, les rôles sont inversés. Rolf est à genoux entre mes jambes.
C'est lui qui m'a fait allonger par terre, alors que j'étais déjà couché, qui a pris ma bite dans sa bouche où elle a gonflé.
Il a laissé la lumière allumée. Je n'en crois pas mes yeux.
Rolf me fait un peu mal avec ses dents.

Aujourd'hui, Mme Rösching a préparé un plat étrange dans lequel flottent des morceaux d'ananas.
Rolf goûte et demande à sa grand-mère ce que c'est.

"C'est un plat sud-américain."
Mme Rösching est très internationale dans ses choix culinaires.

A la fin du repas, M. Rösching envoie Rolf lui acheter du tabac.
Il est assis sur le canapé. Il me fait signe de m'asseoir sur le fauteuil, face à lui.

"Je suis très content de voir que les Français et les Allemands se réconcilient. La guerre est bien loin maintenant. Tu sais, j'ai été gardien dans un camp de concentration, tu comprends le mot *Konzentrationslager* ?"
Ma bouche s'est ouverte, oui je comprends, je secoue légèrement la tête de haut en bas.

"J'étais soldat dans la Wehrmacht, l'armée allemande, j'ai été faire la guerre aux Russes. C'était très dur. Ensuite, j'ai été muté à Dachau, près de Munich. Là au moins, j'étais à l'abri, je ne risquais pas de me faire trouer la peau par un bolchevik, et puis on ne pouvait pas refuser

une mutation. Bien sûr, ce qui s'y passait était horrible, j'étais très choqué au début. Alors je me suis efforcé d'être le plus humain possible. Tu comprends ?"
Oui. Où est Mme Rösching ? Et Rolf, qu'est-ce qu'il fout ? Et qu'est-ce que je comprends ? Les sujets, les verbes et les compléments ? Qu'on ne pouvait pas refuser une mutation ? Bruits d'assiettes. Mme Rösching fait la vaisselle. Elle en est au rinçage, grandes eaux, Rolf sonne à l'interphone, M. Rösching lui ouvre, Rolf monte les escaliers quatre à quatre, donne le paquet de tabac à son grand-père, me dit "Bon, on y va ?", embrasse sa grand-mère dans la cuisine, son grand-père dans le salon, j'enfile mon blouson je lâche un *"Tschüss !"* à la cantonade, on sort.

"Ça va ?
— Oui.
— Tu es tout rouge.
— Ton grand-père vient de me raconter ce qu'il a fait pendant la guerre.
— Ah oui, le front russe, les bolcheviks, le froid. Il est chiant avec ça.
— Il a surtout parlé du camp de concentration où il était gardien."
Je n'ai pas retenu comment on dit muté.
Rolf s'est arrêté.
"Quoi ? Où ?
— A Dachau, près de Munich."
Je rougis à nouveau.
"A Dachau ? Mon grand-père ? Tu es sûr que tu as bien compris ?"
Certain.
Cap sur la piscine au pas de charge, pas de commentaires. A sa place, je tomberais le cul par terre, il choisit l'action.

Quand nous sommes rentrés de la piscine, je me suis installé devant la télé, Rolf a tourné comme un lion en cage dans l'appartement jusqu'à l'arrivée de sa mère. Ni le crawl, ni la brasse, ni les battements de pieds ne l'ont apaisé.

"Maman, *Opa* a raconté à Ernst qu'il avait été gardien à Dachau pendant la guerre."

Silence.

"Je croyais qu'il avait été sur le front russe… Maman ?

— D'abord sur le front russe et ensuite à Dachau."

Mme Bauer prépare un plat avec des pâtes, des œufs et des petits lardons.

Elle s'active devant ses fourneaux, elle ne s'est pas retournée, nous buvons un Coca, je suis gêné d'être là.

Rolf se lève, quitte la cuisine, revient.

"Pourquoi on ne me l'a pas dit ?

— C'est ton grand-père…

— Papa est au courant ?

— Oui. Mais mon chéri…

— Et Klaus ? Et Petra ?

— Je ne sais pas. Je ne crois pas. Non.

— Et pourquoi *Opa* raconte ça à Ernst ?

— Ton grand-père est vieux maintenant. C'est difficile…"

Rolf ne la laisse pas finir ses phrases. Il a toujours une question plus urgente à poser.

"Et Peter… C'est pour ça que Peter ne vient jamais voir *Opa* et *Oma* ?"

Ça va à mille à l'heure dans ta tête, Rolf, je te reconnais à peine, calme-toi, tu n'y peux rien, nous, on est jeunes, on a toute la vie devant nous comme on dit, je la sens qui démarre la vie, on s'en fout de tout ça, on n'a rien fait, on n'a rien demandé…

La soirée est très agitée, Petra tombe des nues et se range aux côtés de Rolf, Klaus s'efforce de calmer les petits.

"Et qu'est-ce que vous auriez fait de plus si maman nous avait tout raconté ?

— Je ne sais pas, on aurait su au moins, on aurait pu se faire une opinion.

— T'es encore qu'un petit branleur haut comme trois pommes et tu voudrais t'autoriser à juger l'histoire ?"

A mon avis, Klaus s'y prend mal.

M. et Mme Bauer sont dans le canapé, abattus, incapables d'apaiser leurs enfants. Petra s'énerve.

"Mais qui tu es, toi, pour nous donner des leçons ? Tu crois qu'il faut avoir quel âge pour être autorisé à juger les nazis ?"

Je monte rejoindre Rolf dans son lit. La lumière est éteinte depuis quelques minutes. Il est tassé contre le mur, face au plâtre. Je colle mes jambes contre les siennes, j'emboîte mes genoux dans le pli des siens, je glisse une main sur son ventre.

"Il faut qu'on mette le réveil, j'ai pas envie que ma mère te trouve ici demain matin."

Rolf descend régler son réveil et ferme sa porte à clé.

"On ne sait jamais."

Rolf sombre en moins de cinq minutes, ses muscles se détendent un à un.

La famille Bauer s'endort en ordre dispersé, plomb dans l'aile, eau dans le gaz. Sans être méchant, je ne suis pas mécontent de la tournure que prennent les choses. Je ne vois pas pourquoi ce serait plus facile chez les autres.

Le lendemain, au petit déjeuner, Rolf annonce à sa mère que désormais il se réveillera tout seul et à tout le monde qu'il faudra frapper avant d'entrer dans sa chambre.

"Même moi ? demande Klaus.

— Même toi."

Mme Wommel est venue chercher Ernst à la gare de l'Est.
Il raconte les Bauer, Rolf, les déjeuners chez les grands-parents (bien entendu, il tait l'épisode front russe-Dachau), l'école, les footings dans la forêt, la maison de Peter, la Sarre, l'invitation de M. Bauer.
Il s'étonne de l'absence de son père.
"J'ai quitté papa. Nous allons divorcer."
Ernst ne bronche pas.
Il ne s'y attendait pas, c'est sûr, mais il n'est pas surpris.
Il ne s'est jamais dit que ses parents ne s'aimaient plus mais il n'est pas surpris.

Mme Wommel est très ennuyée, elle a peur de lui faire beaucoup de peine.
Ernst se lance, c'est le moment.
"Vous venez de quelle région d'Allemagne, papa et toi ?"
Mme Wommel répond sans sourciller.
"Ton père vient de Berlin et moi de Hambourg."

Ils descendent dans le métro. Un peu plus loin sur le quai, Olivier Bécu et Frédéric Mougel racontent leurs mésaventures à leurs parents. Ernst voit le père Mougel pour la première fois, c'est Frédéric dans trente ans, rougeaud, l'œil vitreux.

Nous avons changé de quartier.
Désormais, nous sommes rive gauche.
Ma mère a loué un grand appartement, je vais avoir une chambre pour moi tout seul, à treize ans, je ne m'en sors pas trop mal.
Tout est au-dessus de nos moyens. Il y a des meubles que je ne connais pas. Certains sont neufs, d'autres pas.
Ça sent le coup fourré. Je demande d'où sortent tous ces meubles, ma mère s'assied dans la grande cuisine, je m'installe près d'elle, elle m'explique que nous allons vivre avec M. Salavoux... Mon ophtalmo, on va vivre avec mon ophtalmo.
... qu'ils s'aiment, qu'ils voulaient vivre ensemble depuis longtemps, que nous sommes grands maintenant, que nous pouvons comprendre.

"Qui, nous ?

— Max et toi mon chéri.

— Max n'est pas là, tu peux me dire tu."

Elle se raidit.

"A propos, il est où, Max ?"

Une irrépressible envie d'être méchant.

"A l'école.

— J'imagine qu'il a déjà choisi sa chambre.

— Oui. Tu veux que je te montre la tienne ?

— Si tu veux."

Ma chambre est assez grande, elle donne sur une cour, des arbres. Elle me plaît.

"Elle me plaît."

Ma mère est soulagée.

"Il habite déjà ici, M. Salavoux ?

— Oui.

— Et papa ?

— Il est resté à la maison.

— Je peux l'appeler ?

— Tu l'appelleras ce soir, il est au travail pour l'instant.

— Et Rolf...

— Quoi Rolf ?

— Il arrive dans quinze jours, comment on va faire ?

— Il viendra ici, je ne vois pas le problème."

C'est curieux de parler avec ma mère en ce moment. Je ne sens rien, j'ai l'impression de jouer un personnage, l'enfant qui apprend que ses parents divorcent et qui décide de rester digne, d'être fort, comme les gens à la télé à qui l'on dit "sois fort" avant de leur annoncer que toute leur famille vient de mourir dans un terrible accident.

Je vide ma valise, j'ouvre les placards. Tous mes habits sont rangés là. J'ai un lit tout neuf, deux places, sobre, de quoi aller jusqu'à l'âge adulte sans avoir honte de laisser entrer mes amis dans ma chambre.

Je donne à ma mère le porte-clés que je lui ai ramené d'Idar-Oberstein. Elle le trouve très joli et décide d'y accrocher ses clés de voiture.

"C'est toi qui as pris la voiture ?

— Non. Ce sont les clés de la voiture de Bernard.
— C'est quoi comme voiture ?
— Une BMW."

Ma mère a dit "Bernard" comme si c'était tout naturel.
Bernard.
A n'en pas douter, ma mère dit "Bernard" depuis un bon bout de temps.

Mon père aura probablement la même idée : mettre ses clés de voiture sur son porte-clés d'Idar-Oberstein.
Je ne lui offrirai pas.

Nous quittons Horst pour Bernard, une Renault 12 pour une BMW.

Cet appartement est très différent du précédent. Le parquet craque délicatement quand on se promène, c'est plus classe que la moquette et le lino. Les pièces sont grandes, les chiottes font la taille de notre ancienne cuisine, il y a de la place autour des fauteuils, dommage qu'on ne soit pas arrivés quelques années plus tôt, Max se serait éclaté en jouant au foot avec sa gomme.
M. Salavoux n'a pas fait les choses à moitié, il a imaginé un intérieur spacieux et chaleureux pour que nous inventions notre nouvelle vie de famille. Je ricane en pensant "spacieux et chaleureux".

Comment je vais l'appeler ?

Max rentre de l'école.

"C'était bien chez les Boches ?"

Le bonjour de Max.

"Ouais. Dis-moi, ça fait combien de jours que vous êtes là ?

— Quatre ou cinq."

Il m'emmène dans sa chambre, un peu plus grande mais moins claire que la mienne. Max privilégie l'espace à la lumière. En ce qui me concerne, on va dire que je préfère me serrer un petit peu et avoir du soleil.

"Comment tu l'appelles, M. Salavoux ?

— Pour l'instant, je ne l'appelle pas. Ça ne me vient pas. Je dis «eh !» ou je tourne ma phrase de manière que je n'aie pas à l'appeler.

— Il t'a dit quoi ?

— Il m'a dit tu peux m'appeler Bernard. Tu te rends compte ? Bernard !"

C'est vrai que ça fait drôle. Dorénavant, nous vivons avec Bernard.

"Tu le tutoies ?

— Ça oui.

— Tu y arrives facilement ?

— Il me tutoie, je le tutoie.

— Oui mais moi, je le connais depuis longtemps, j'ai l'habitude de le vouvoyer.

— Attends, tu ne sais pas tout. Ce week-end, y a son fils qui débarque. Stéphane. Il a sept ans."

J'aurais jamais cru que ma mère réussirait à quitter mon père, même si elle ne l'aimait plus. Ils sont partis ensemble de leur pays natal, ils sont arrivés à Paris sans connaître personne, ils ont trouvé du travail, ont fait des enfants, les ont élevés sans vraiment s'entourer d'amis, et

tout d'un coup, c'est écrit pour toujours, ce n'était pas aussi bien que ça.
Ma mère est allongée sur un canapé. Elle lit.

"Maman, je peux te poser une question indiscrète ?

— … Oui…

— Ça fait combien de temps que tu aimes M. Salavoux ?

— Plusieurs années."

Plusieurs années !

"Quand il m'a opéré, ça avait déjà commencé ?

— Non. Après.

— Stéphane, c'est le gamin que tu as gardé pendant mon opération ?

— C'est ça. Il vient ce week-end. Tu vas voir, il a grandi.

— Mais je ne l'ai jamais vu, moi."

M. Salavoux ouvre la porte avec sa clé. Ma mère se tait, j'avale la question suivante. Il entre dans la pièce, il a enlevé ses chaussures.
M. Salavoux en chaussettes avec son costume et sa cravate.
On se dit bonjour de loin, de beaucoup plus loin que dans son cabinet, mais c'est normal. Il me souhaite la bienvenue.
Je suis content de voir qu'il se méfie autant que moi, qu'il ne me saute pas dessus en jouant le beau-père.
Il embrasse ma mère. Rapidement, pudiquement, mais avec une tendresse que je n'ai jamais vue chez mon père.

Au moins, on sait pourquoi on est là.

"Allô ?…
— Bonjour papa. C'est Ernst…
— Ah, bonjour… Tu es rentré ?
— Oui… Cet après-midi…
— Tu as fait bon voyage ?
— Oui…
— Bien.
— …"

Ernst compte les fleurs dans le vase posé sur le guéridon, près du téléphone.

"Et les gens chez qui tu étais, ils ont été gentils avec toi ?
— Oui… Très gentils.
— On se voit ce week-end ?
— Oui. C'est ce que m'a dit maman.
— Bien. On pourra se parler alors ?
— D'accord."

Neuf… Dix et onze. Onze fleurs dans le vase.

"Bon, je t'embrasse alors…
— Moi aussi… Je t'embrasse… On viendra vendredi soir après l'école.
— D'accord.
— A vendredi…
— A vendredi. Embrasse Max aussi.
— OK."

Embrasser son frère ?

Ernst raccroche en se levant ou peut-être se lève-t-il en raccrochant. Le téléphone tombe sur son pied gauche. Une violente douleur l'envahit. Il fond en larmes.

Pour aller au collège, c'est moins pratique qu'avant, je dois prendre le métro, changer deux fois.

Je compte les marches que je descends, les marches que je monte, les gens dans le wagon, ceux qui lisent, ceux qui dorment, je fixe ceux qui ne font rien. Ils finissent toujours par sentir mon regard. Il y a les femmes qui me sourient, celles qui s'énervent, les hommes qui décrochent immédiatement, surpris en flagrant délit de je ne sais quoi, ceux qui soutiennent mon regard, à qui je plais, ceux qui me plaisent, ceux qui ne me plaisent pas.
Je m'occupe.
Je mets trente-cinq à quarante minutes de porte à porte. Trente-cinq quand je n'attends aucun de mes deux métros.

Ce soir, je finis à cinq heures et demie.
Je fonce chercher mon père à la sortie de son travail. On prend un pot et je l'accompagne à la maison.

Il ne veut pas voir Rolf.

Il redoutait d'héberger un Allemand chez lui.

"J'avais beau répéter à ta mère qu'un Allemand à la maison, c'était la pluie d'emmerdes assurée, elle n'en démordait pas : elle tenait absolument à l'accueillir.
Maintenant qu'elle est partie, elle n'a qu'à s'en occuper, de ton correspondant. Pas d'Allemand chez moi.

— Mais papa, on est allemands, nous aussi.

— Tu m'as très bien compris. Je veux dire un Allemand d'Allemagne."
Il est en train d'astiquer la cuisinière avec une Scotch-Brite. Sur l'évier, il y a quatre autres types d'éponges alignées près du robinet. Une pour chaque produit, sans doute.

"Papa, on est censé les emmener partout où on va, nos correspondants.

— Oui ben le tien, tu l'emmèneras partout sauf ici.

— Et qu'est-ce qu'il fera quand je viendrai te voir ?

— C'est pas mon problème."
Mon père frotte de plus belle. Il passe son temps à faire le ménage, comme s'il voulait effacer nos traces, mon coffre à jouets a disparu, il l'a donné à Robert Faure, son collègue, pour ses petits-enfants, et si Max et moi on a des gosses plus tard, ils joueront avec quoi quand ils viendront chez leur grand-père ?

"J'ai cru bien faire. Il y a bien longtemps que tu ne l'ouvrais plus. Et puis c'était un nid à poussière."
Je m'aperçois que je n'ai jamais revu les Faure depuis le crash de l'avion.

"Papa…

— Quoi encore ?

— Tu pourrais faire un effort… Rolf ne reste que quinze jours… Ça veut dire un week-end ici… C'est quand même pas la mer à boire…
— J'ai dit non, c'est non.
— Bon écoute, c'est avec lui ou c'est sans moi.
— Non mais pour qui tu te prends ?
— Si tu ne veux plus nous voir, dis-le tout de suite.
— Sors d'ici."

Espèce de vieux con, je t'emmerde, astique-le ton appartement, frotte par terre, aspire la merde sur ta moquette, il n'y en a pas mais aspire-la quand même, donne mes affaires à tes copains, vends mon lit à ton voisin, raie-nous de la carte, va t'installer en Amérique du Sud comme tous ces enfoirés de nazis qui se cachent sous les feuilles des bananiers.

Je marche dans une rue que je ne connais pas, tout est en ruine, il y a une grosse bâtisse à moitié effondrée droit devant, je m'en approche, je me tords la cheville sur les pavés, quelqu'un chante, sa voix me parvient par les fenêtres aux vitres brisées, j'ai de plus en plus de mal à marcher, je m'aperçois que je n'ai plus de pieds, on me les a coupés. Pas étonnant que je me traîne, je marche sur des moignons. Je m'assieds pour me reposer quelques minutes, la voix s'évanouit, il y a une foule de morts dans mon dos, compacte, menaçante, ils me parlent dans une langue que je ne comprends pas, je ne sais pas ce qu'ils me veulent, je ne peux pas me lever, je ne peux pas m'enfuir, je me réveille.

Il est six heures moins vingt. J'ai la bouche totalement sèche. Je me lève pour boire. Mon pied me fait toujours mal, il faudrait que j'aille chez le toubib pour voir si le téléphone ne m'a pas cassé un os.

Avant, la salle de bains était juste à côté de ma chambre. Maintenant, je dois traverser tout l'appartement. Le parquet craque. Désormais, je prendrai une bouteille d'eau le soir dans ma chambre.

J'ouvre la porte de la salle de bains. La lumière m'aveugle.

Il est en train de se raser.

"Oh pardon.
— C'est pas grave... Qu'est-ce que tu voulais ?
— Boire.
— Vas-y."
Il s'écarte du lavabo, je bois.
Mousse et poils sur les parois.

Il sortait de la douche. Il avait juste enfilé un slip. Il était gêné, il se raclait continuellement la gorge. Il a un beau corps.

J'ai du mal à m'habituer à ma nouvelle chambre. Je me réveille tout le temps, à partir de trois heures, j'ai l'impression de ne pas dormir.

Il est en train de brancher la nouvelle chaîne hi-fi, de connecter les différents blocs entre eux. Du matériel "très performant".

Bernard Bernard Bernard Bernard, il faut absolument que je commence à l'appeler par son prénom. Je suis rentré depuis quatre jours, ça ne sort toujours pas.

"Bernard…"

Le prénom lâché pour la première fois résonne violemment dans ses oreilles.

"Oui ?

— Ça ne t'embête pas que Rolf vienne ici dans dix jours ?

— Pas du tout, pourquoi ça m'embêterait ?

— Je ne sais pas. Pour rien.

— Par contre, je ne parle pas un mot d'allemand. J'ai fait anglais espagnol à l'école.

— C'est pas grave, Rolf parle français.

— Tant mieux."

Il a posé le tuner pour discuter avec moi.

"Quand j'étais à Sarrebruck, son grand-père m'a dit qu'il avait été gardien dans un camp de concentration.

— Ah bon ?

— J'ai pas su quoi dire."

Bernard ne sait pas quoi en dire non plus.

“Dis-moi… Bernard… Tu sais ce que faisait ta famille, toi, pendant la guerre ?

— Assez vaguement. Mes parents vivaient dans un petit village. Ils étaient paysans, ça leur permettait de manger mieux que les autres. J’imagine qu’ils devaient faire un peu de marché noir… Je ne sais pas vraiment… J’ai juste entendu dire qu’à la fin de la guerre il y avait eu des dénonciations dans le village. Il semblerait que certains en aient profité pour régler de vieilles querelles de voisinage, des trucs pas jolis jolis… J’ai quelques souvenirs d’arrestations à la Libération. J’avais quatre, cinq ans… Sinon… Un oncle qui m’a expliqué qu’il s’est retrouvé dans le maquis par hasard. Il faisait un chantier de jeunesse en quarante-quatre, une sorte de service civil pour remplacer le service militaire. Un de ses formateurs faisait partie d’un groupe de résistants. Dans ce groupe, il leur arrivait de jouer au bridge, mais il leur manquait un quatrième. Le formateur a repéré mon oncle parce qu’il était le seul à savoir y jouer. C’est comme ça qu’il a terminé la guerre dans la clandestinité.”

Demandez à un Français ce que faisait sa famille pendant la guerre, au pire il vous trouvera un oncle ou un cousin résistant.

Les Français, un peuple de résistants, longue tradition, faut pas les prendre pour des cons.

“Tu en as parlé à ta mère, du grand-père de ton correspondant ?

— Surtout pas ! Et maman, elle t’a parlé de ses parents ?

— Non.

— A moi non plus. Je ne sais rien sur mes grands-parents.”

Bernard a repris le tuner pour le brancher sur l'ampli.
Il est né en 1940, deux ans avant mon père, trois ans après ma mère.
Elle aime les hommes plus jeunes.
Quand j'ai du mal à m'endormir, je les entends qui font l'amour. Parfois, ma mère crie, parfois Bernard, parfois les deux. Bernard arrive à lui faire oublier que ses enfants dorment à côté.

Pour l'instant, il y a toujours quelque chose de faux, d'artificiel entre Bernard et moi. On veut trop bien faire trop vite. Alors on parle de tout et de rien.

Ma mère entre, elle revient de chez le coiffeur, je ne la reconnais pas, ses longs cheveux blonds ont disparu, ils sont coupés juste sous le niveau de son oreille et coiffés vers l'arrière, un large sourire, la coupe lui plaît.
"Ouaaaah !"
Bernard aime aussi.
Moi, je ne sais pas encore.

J'aime assez les trottoirs pavés. On peut suivre les dessins, couper les courbes, ne jamais marcher sur les lignes, marcher uniquement sur les lignes.
Dans le quartier de mon collège et de l'appartement de mon père, les trottoirs sont recouverts de grosses dalles rectangulaires de deux tailles différentes. Si je fais deux pas sur les grandes dalles et un pas sur les petites, je ne marche jamais sur les lignes. En même temps, je mesure en pas la longueur des voitures garées. Quatre pas pour une 4L, cinq pas pour une 504, cinq et demi pour une DS, trois pour une Mini.
Il faut tuer le temps.
Si j'arrive à faire exactement quatre-vingt-sept pas jusqu'au prochain carrefour, j'irai passer un mois chez les Bauer cet été.

Ma mère m'a prévenu : quand je rentrerai du collège, il y aura une jeune femme à la maison, elle sera en train de faire le ménage, elle s'appelle Sonia, elle vient d'Argentine, elle a fui son pays où elle était médecin, elle est réfugiée politique, elle a repris des études de médecine en France, elle veut exercer ici, elle fait des ménages pour payer ses études, elle viendra tous les mardis après-midi.

Avant, nous n'avions pas de femme de ménage. Ma mère faisait quasiment tout. Pendant des années, elle a essayé de convaincre mon père qu'il fallait prendre quelqu'un, qu'entre le lavage, le repassage, le ménage et son travail, elle ne s'en sortait pas. Il n'a jamais accepté, il ne voulait pas d'une étrangère chez lui. Je le trouvais gonflé de refuser, il ne levait pas le petit doigt dans la maison… Ma mère a laissé tomber.
Quand je vois l'ardeur avec laquelle il brique tout aujourd'hui…

A travers la porte, j'entends l'aspirateur tourner à plein régime, j'ouvre, Sonia arrête l'engin pour me saluer, je me présente, on se serre la main, elle a les joues rougies par l'effort, je fonce dans ma chambre, propre et rangée comme jamais, l'aspirateur redémarre.
Je me fais le plus petit possible.

Rolf est émerveillé par Paris.
Il me fait monter à pied au deuxième étage de la tour Eiffel, sillonner le Quartier latin à en trouer mes chaussettes, découvrir les ponts de Paris en bateau-mouche.
Peu à peu, je me prends au jeu. Nous mettons des chemises voyantes, un short, des tennis, des lunettes de soleil et nous parlons allemand dans la rue.
Et je découvre Paris en touriste, les quartiers se collent les uns aux autres. Les gens nous écoutent, nous observent, deux adolescents allemands en vacances à Paris, deux Frisés, comme dirait Max.

Dans un jardin public, un vieux monsieur se penche vers sa femme.

"Mais c'est des Chleuhs !

— Il me semble bien, oui. Ça doit être les vacances scolaires en Allemagne."

Rolf me demande ce que *schlö* signifie.

"Allemand."

Que dire d'autre ?
Il me demande d'où ça vient. Comme je n'en sais trop rien, j'émets une hypothèse : ce mot pourrait avoir été inventé par des Français qui

ne comprendraient pas l'allemand, dont l'oreille n'en saisirait guère les consonances et qui entendraient *schlö-schlö-schlö-schlö-schlö* quand un Allemand parle.

Rolf dort avec moi.

"Comme ça, il n'y a pas de canapé à ouvrir et à fermer."

Stéphane est penché sur un exercice de mathématiques.

Bernard a réussi à faire un gamin amblyope. Il a pu détecter le problème très tôt et va même bientôt l'opérer d'un strabisme divergent.
Cet enfant m'amuse. Il a un père survolté, qui bosse dix heures par jour, qui se lève à cinq heures du matin, même le dimanche, qui se vante d'avoir appris les mathématiques en gardant les vaches, qui a réussi à se faire un nom dans sa profession, et lui, son petit binoclard de fils, il baye aux corneilles, il parle aux Snoopy du papier peint de sa chambre, il peut rester assis deux heures devant son cahier, devant un problème de mathématiques qu'il ne comprend pas, qui ne l'intéresse pas, trois heures même, sans broncher, sans se plaindre, sans s'ennuyer une seconde.
Il va venir un week-end sur deux. Il est arrivé hier soir avec quelques habits et son cartable.
"Il a toujours des devoirs en retard… nous explique Bernard… ou des problèmes de mathématiques qu'il nous faut refaire pour nous efforcer de corriger le tir après une mauvaise note."

Bernard parle comme s'il allait à l'école avec le gosse.

Les résultats scolaires de Stéphane sont catastrophiques, "plus qu'insuffisants", commentait son père ce matin au petit déjeuner, la voix blanche, en lisant le livret scolaire qui vient marquer la fin de ce deuxième trimestre.
Bernard l'aide à faire ses devoirs. Il s'arme de patience car Stéphane ne semble pas pressé d'en finir, habitué qu'il est à voir son père ronger son frein en lui expliquant trois ou quatre fois le même raisonnement.

Nous avons annulé une promenade au château de Vaux-le-Vicomte. Rolf est déçu.
"Je suis capable de renoncer à n'importe quel projet si les devoirs de Stéphane ne sont pas terminés à temps", nous a dit Bernard.
Priorité absolue aux mathématiques.
Ma mère nous a proposé de partir sans Bernard ni Stéphane mais Rolf n'a rien voulu entendre. On ira samedi prochain.

La chambre de Stéphane est voisine de la mienne.
Allongé sur mon lit, Rolf lit une BD.
J'écoute Stéphane raconter une histoire de petit chien perdu à Snoopy et ses copains.

Bernard a de l'ambition pour son fils.
"En voilà un qui a tout pour réussir : des capacités, un père qui a les moyens et qui ne compte pas son temps pour l'aider."
Un père qui peut résoudre n'importe quel problème de mathématiques, qui a corrigé la vue

défaillante de son fils, qui va bientôt l'opérer, c'est-à-dire trifouiller les globes oculaires de son propre enfant, de ses propres mains… Un père parfait.
Pour l'instant, Stéphane n'a pas envie de réussir. Il préfère parler aux murs.

Je propose à Rolf d'aller au cinéma. Tout à coup, j'ai envie d'être ailleurs.

En descendant l'escalier, je décide de changer d'ophtalmo. De toute manière, mon opération a réussi, le gros du travail est derrière moi et les examens de contrôle se sont espacés.
Bernard n'est pas mon père mais ça ne l'empêche pas de me demander des nouvelles de l'école et de me proposer de m'aider si j'en ai besoin.
Heureusement, je me débrouille très bien tout seul en mathématiques.

"Quelle drôle d'idée. Tu n'as plus confiance en moi ?

— Mais si. Ça n'a rien à voir. J'habite avec toi, je te vois tous les jours, alors je n'ai plus envie que tu me serves de docteur.

— Je ne te comprends pas. Je suis mon propre fils depuis des années, ça n'a pas l'air de lui poser de problèmes."

Ah tu crois ça, toi. Je te signale que ton fils parle à son papier peint, mon vieux.

"L'idée que mon père ou ma mère m'opère de quoi que ce soit, moi ça me donnerait envie de vomir.

— Tu exagères.

— Non.

— Après tout pourquoi pas. Je passerai ton dossier à un collègue.

— Une femme, s'il te plaît.

— Pourquoi ?

— Pour changer. Ça pose un problème ?

— Non non."

Tu me trouves bien compliqué, Bernard, et je te trouve bien simpliste avec tes quinze ans de mathématiques bouseuses et tes études supérieures.

"Autre chose : peux-tu arrêter de chanter des airs d'opéra à cinq heures et demie tous les matins sous la douche ?

— Ah tu m'entends ?"

Bernard ne chante pas, il braille. Chaque matin à cinq heures et demie, il prend une douche froide. Ça lui rappelle quotidiennement d'où il vient ("on se lavait à l'eau froide, pour prendre un bain il fallait faire chauffer de l'eau") et il paraît que c'est bon pour la circulation.

L'air songeur, beau-papa quitte ma chambre.

"Je n'ai pas tout compris", me dit Rolf.

Name	WOMMEL *geboren* STÖCKL
Vornamen	Katarina, Theresa, Elisabeth
Geburtstag	20. 02. 1937
Geburtsort	Great Barrington-Massachusetts (USA)

Staatsangehörigkeit DEUTSCH

On a cherché le passeport de ma mère pendant deux heures avant de le trouver dans un sac à main dont elle ne se sert plus.

Elle est née aux Etats-Unis.
Il ne manquait plus que ça.

Dans la bibliothèque de Bernard, nous attrapons l'atlas.
C'est Rolf qui trouve le Massachusetts.
Nord-Est des Etats-Unis.

"Il faut qu'elle t'explique.

— Attends attends."

Je panique déjà, rien qu'à l'idée de parler à ma mère de son passeport.

"T'inquiète pas, je ne demanderai rien, c'est à toi de le faire."

J'en ai marre. Chaque question en impose une autre, plus surprenante encore.

“Mais pourtant, elle m’a dit qu’elle venait de Hambourg…

— Ça n’empêche pas. On peut naître dans la pampa et grandir à Hambourg.

— Mouais…”

Ma nouvelle ophtalmo s'appelle Sandrine Gosterelles. Elle a environ trente-cinq ans.
Ecran à lettres, petit panneau en bois, fond d'œil, les grands classiques. Ma vue n'a pas bougé, je lui demande de me prescrire de nouvelles lunettes, les miennes ont été remodelées par un ballon de basket en cours de gym, elles ne tiennent plus sur mon nez.
Je dois transmettre son "bonjour au Dr Salavoux".
Rolf la trouve très mignonne.

L'appartement est plein comme un œuf. Mme Salavoux, la mère de Bernard, a quitté son village pour passer quelques jours à Paris. Elle n'a pas résisté à l'envie de voir à quoi on ressemble. J'ai proposé de lui laisser ma chambre. Rolf et moi, nous dormirons dans le canapé du salon.
Elle a posé sa valise sur mon bureau.
J'ai changé les draps avec Rolf, on les a mis directement dans la machine.
Après le dîner, j'irai lui libérer quelques étagères dans mon armoire.

Bernard lui fait visiter l'appartement. Il lui décrit ses projets de bureau en mezzanine, de

cuisine ultramoderne. La vieille boit l'aisance de son fils comme du petit-lait.
Je la trouve sèche comme un coup de trique. Elle ne parle qu'à son cher petit. Quand ma mère lui pose une question, la vieille la toise distraitement et lui répond en deux mots.

Sur la table de la salle à manger, nous avons mis la belle nappe jaune et blanche, les belles assiettes, les beaux verres.
Mme Salavoux est assise à ma droite, Rolf à ma gauche.
"Tu peux dire à ton ami de me passer le sel et le poivre, tu seras gentil.
— Vous pouvez lui dire, vous savez, Rolf comprend le français.
— Désolé mon garçon. De ma vie, je n'ai jamais adressé la parole à un Allemand, je n'ai pas l'intention de commencer à mon âge.
— Maman !"
Bernard sent la barre lui échapper des mains. Max quitte la table, une envie pressante peut-être, je fixe ma nouvelle grand-mère, m'apprête à lui apporter quelques précisions sur notre identité, ma mère me coupe dans mon élan.
"Vous savez madame, mon fils Ernst a beau parler français comme vous, il est tout aussi allemand que Rolf, ils ont tous les deux des grands-parents nazis, n'est-ce pas, Rolf ?
— Si... Oui.
— Bernard !"
La vieille dame s'en remet à l'arbitrage de son fils.
"Pourquoi tu fais ça, maman ?"
Katarina Stöckl-Wommel n'attend pas la réponse. Elle reprend calmement.

“Nous avons tous intérêt à faire des efforts si nous voulons que…

— Et quand tu les fournissais en poules et en lapins, tu ne leur parlais pas ?”

Dans le mille Bernard.

Max lit dans sa chambre, les Français discutent dans le salon, les Allemands sur le balcon.

“Tes parents étaient nazis, maman ?

— Non. J’ai dit ça pour la moucher.

— Ceux de papa, alors…

— Ce n’est pas très clair. Son père était soldat dans la Wehrmacht. Ton père ne sait pas bien ce qu’il a fait pendant la guerre.

— Soldat dans la Wehrmacht. C’est vague.

— Parles-en avec ton père.

— C’est comme mon grand-père et son front russe en Bavière.”

J’y pensais, Rolf l’a dit.

“Où tu vas, Rolf ?

— Aux toilettes.”

Rolf me laisse seul avec ma mère.

“Comment s’appelait ton père ?

— Robert Stöckl.

— Et ta mère ?

— Hilde Stöckl.

— Et le père de papa ?

— Hermann Wommel.

— Et sa mère ?

— Je ne sais pas.”

Ma mère est démuselée par la séparation.

Bernard nous rejoint sur le balcon. Mme Salavoux est allée se coucher.

La vieille repart demain matin. Je n’aurai pas besoin de vider mon armoire.

Plus tard, dans le noir, je refais cent fois la scène d'engueulade avec la vieille Salavoux. Je change le texte, c'est moi qui la remets à sa place, je la mouche, je la cloue sur place. J'imagine quelques petites phrases assassines pour demain matin au cas où elle ferait encore des siennes.

"Ernst ?"

Rolf ne dort pas non plus.

"Oui ?

— Mon grand-père n'était pas soldat dans la Wehrmacht, il t'a menti à toi aussi.

— Ah bon.

— Il était dans la Schutzstaffel. Tu sais ce que c'est ?

— Non.

— SS, ça ne te dit rien ?

— SS !

— Oui.

— Comment tu l'as su ?

— Je me suis renseigné, seuls les membres de la SS travaillaient comme gardiens à Dachau."

Travaillaient.

"Travaillaient, tu te rends compte de ce que tu dis ?

— C'est le mot qu'a employé mon professeur d'histoire."

Je ne dors pas, la vie s'éloigne.

Max passe le week-end chez son père.
Ma mère m'a quasiment supplié de l'accompagner ce soir après l'école. On a fait un compromis : je dîne chez lui puis je rentre à la maison en fin de soirée.

Il ne sait pas cuisiner, il a acheté un bric-à-brac de charcuterie, de fromages et de fruits.

"Ça me rappelle l'Allemagne.

— Comment ?"

Mon père bondit. Il a entendu le mot Allemagne dans ma bouche, le diable sort de sa boîte.

"Je fais juste remarquer que le dîner est un repas froid, comme souvent en Allemagne."

La communication entre nous devient vraiment difficile. Ce n'est pas encore aujourd'hui que je lui demanderai le prénom de ma grand-mère maternelle.

Nous regardons une émission de variétés, un *Spécial Mireille Mathieu* pas très spécial, mon père somnole dans son fauteuil, Max lit son magazine de foot.

"Il paraît que Mireille Mathieu est très connue en Allemagne."

Max tente-t-il de me soutenir, essaie-t-il de réveiller les deux lutteurs assoupis ?
Il est neuf heures, je rentre à la maison. Mon père propose mollement de me ramener. Je préfère prendre le métro.

Mon sonar me pousse vers la cuisine où Rolf et ma mère discutent. En allemand.
Bien sûr elle ne m'a pas entendu arriver, bien sûr elle se sent prise en faute.
Je suis de très bonne humeur.

"Bonsoir bonsoir !

— Bonsoir mon chéri. C'était bien chez ton père ?

— *Na... Wie gewöhnlich...*"

Comme d'habitude.
Ma mère est restée muette, entre deux eaux, entre deux langues.
Appeler ma mère *Mutti* n'est pas sorti.

Nous rejoignons Bernard dans le salon. Je l'embrasse. Depuis quelques jours, on s'embrasse quand on se salue.

Le quai est envahi par les familles d'accueil. Une certaine excitation règne parmi les adolescents. Ernst et Rolf se sont assis sur un chariot à bagages.
Mme König, la prof de français de Rolf, fait l'appel.
Il est le deuxième dans l'ordre alphabétique. Il dit "Au revoir Bernard" et *"Aufwiedersehen Katarina"*, elle lui répond *"Tschüss Rolf"*. Un clin d'œil à Ernst et il monte dans le wagon. Ernst ira chez les Bauer du 25 juillet au 25 août.

En voyant s'éloigner le train, Ernst pense à Rolf dans son lit, au corps qu'il a trouvé tous les matins allongé à ses côtés, au duvet blond en bas de son dos à la naissance de ses fesses, à sa manière de s'arc-bouter pour jouir, aux phrases incompréhensibles qu'il criait parfois la nuit.
Katarina lui caresse les cheveux.
"Si tu veux, on peut parler allemand ensemble quand on est tous les deux seuls. Ça t'entraînera."
Max n'a pas voulu raccompagner Rolf à la gare. Il avait une dissertation à pondre pour le lendemain.

Qu'est-ce que j'irais foutre à la gare de l'Est ? Ecouter tous ces petits trous du cul de Fritz aboyer sur le quai ?

S'ils croient que c'est facile de se concentrer dans ce foutoir perpétuel. Ils ne tombent pas du ciel, les dix-neuf en maths, ça demande du boulot, je suis en seconde C maintenant, c'est plus de la rigolade.
Je voulais la faire hier soir, ma dissert, mais je suis désolé, entendre Ernst et l'autre Frisé bavasser toute la soirée dans le salon, et quand c'est pas eux c'est Bernard qui essaie de casser les vitres en foutant la musique à fond, ses chanteuses d'opéra, on dirait qu'elles se font égorger, opéra mon cul, là au moins je suis seul, j'ai toute la place pour ne rien entendre.

Il pleut depuis trois semaines, sans discontinuer, une pluie de printemps qu'on ne voit pas, qui s'infiltre, qui m'accable tous les matins sur le chemin du lycée.
Quand je suis entré en seconde, les têtes qui m'entouraient depuis le primaire ont enfin disparu, plus de Frédéric Mougel, de Didier Merlin ou d'Olivier Bécu, seul Thierry Fornerie était encore et toujours là, assis à côté de moi. Le petit, le discret Thierry Fornerie, devenu grand et musclé grâce à un entraînement régulier en athlétisme.
J'ai observé mes nouveaux camarades, pas un ne semblait destiné à devenir mon pote.
Un an et demi plus tard, pas de changement. De toute façon, je sais depuis bien longtemps qu'il me faudra être adulte pour être de mon âge.

Cette année, je suis juste au-dessus de la moyenne. Le littéraire compense le scientifique où je me traîne.
Je ne travaille pas plus qu'avant et en première C, cela ne suffit plus pour rester en tête.
Concentration d'anciens premiers de la classe.
Je passerai en terminale C, mais pas "haut la main", loin s'en faut.

Le cours de maths s'étire en de longues et pénibles démonstrations. Le prof, un petit dudule tout rond et mal fagoté, démontre tout ce qui est démontrable. Ça le passionne, on dirait qu'il se fait le cours à lui-même. Il finit toujours couvert de craie. Il efface le tableau avec ses mains, se macule de blanc en se frottant les joues, les cuisses, les reins ou les fesses.
Pendant ce temps, je rêvasse. Thierry Fornerie, mon fidèle Sancho Pança scolaire, me ramène sur terre quand il se passe quelque chose d'important. Je note les théorèmes et les axiomes.

Ma mère et Bernard ont réussi de haute lutte à me faire suivre les traces de Max qui a brillamment décroché une mention très bien au bac. Il est en Math sup à Louis-le-Grand, il bosse nuit et jour. Il a probablement quelque chose à se prouver.
Moi, je me laisse porter par le courant.
J'attends de pouvoir m'inscrire en fac d'allemand.

Ces derniers temps, mon corps a poussé dans tous les sens, mon visage est devenu un tableau de bord de supersonique, tous les matins je découvre de nouveaux boutons.
Je suis repoussant, un spécimen au bestiaire de l'horreur.
Où mes contemporains trouvent-ils la force de jouer la séduction, de se faire la bise le matin, de rire trop souvent et trop fort, de souffrir publiquement, de jouer les satellites faussement détendus autour d'un noyau de super-copains-à-la-vie-à-la-mort, de croire à leurs soudaines et violentes déprimes, d'attendre pendant des

heures assis en grappe sur un banc que la grâce leur tombe dessus, de jeter en larmes à la face de leurs parents qu'ils sont vieux et ne comprennent rien à rien ?

J'ai seize ans, je suis seul entre deux portes et tout m'emmerde.
Rien d'original.

Paris-Est, Champagne et Lorraine interminables, paysage rude et brumeux que je connais par cœur, Forbach, douane, Saarbrücken-Hbf. J'ai somnolé pendant tout le voyage.

Hier, Sonia m'a prescrit une cure de magnésium pour les grandes vacances. Elle me trouve bien blanc, bien stressé, "jé vé qué tou récoupères lé plou vite possible pour t'amousser en vacances". Après avoir frotté notre parquet, briqué notre salle de bains, nos chiottes, débusqué les chaussettes sales sous mon lit pendant deux ans, Sonia a obtenu toutes ses équivalences et trouvé une place de généraliste dans un centre médical.

Je descends du train. Rolf s'approche, il me serre dans ses bras.

"Bonjour Ernst, tu as fait bon voyage, il faut qu'on se dépêche d'aller déposer ton sac à la maison, on a rendez-vous devant Karstadt dans un quart d'heure avec Eva-Lena, c'est ma copine."

Rolf a une copine. Elle s'appelle Eva-Lena. C'est la première chose qu'il me dit. Une tirade préparée à l'avance.

"Je voudrais prendre une douche. Il faisait une chaleur à crever dans le train.

— D'accord mais vite.

C'est super que tu sois ici. Tu vas voir on va bien se marrer."

Allez. Va pour la joie de me revoir.

L'air lourd et pollué de la Sarre me chatouille les narines, je suis heureux.

Rolf a inversé les machines, il ne me touchera plus, ne me laissera plus le toucher. Mon quatrième mois de juillet à Saarbrücken se profile différemment des précédents.

C'est le moment d'être prêt à tout.

Eva-Lena poireaute devant Karstadt depuis quelques minutes quand nous arrivons en courant. Le bénéfice de ma douche est déjà perdu. Elle est grande, blonde, très mignonne, elle me dit que Rolf lui a beaucoup parlé de moi.

Rolf nous invite au *Eissalon.* Je prends un banana split, Eva-Lena aussi.

"Tu veux goûter mon *Amarena Becher* ?"

Mon petit Rolf, tu ne peux quand même pas t'empêcher de me faire lécher ta cuiller.

Rolf a rencontré Eva-Lena au lycée, elle est arrivée de Lübeck en cours d'année, elle n'a pas l'accent marqué des Sarrois.

"Ça vient d'où, Eva-Lena ?"

Je m'intéresse.

"De Scandinavie. Mes parents adorent la Scandinavie.

— Depuis quelques années, les prénoms scandinaves pullulent en Allemagne..." Petite intervention sociologique de Rolf "... Rien que dans notre classe, on compte un Olaf, deux

Sven, un Björn et Eva-Lena…" Sourire huileux de Rolf en disant "… et Eva-Lena"…

"Ah… Et pourquoi d'après toi ?

— Je ne sais pas, les gens en ont marre des prénoms allemands, Dieter, Hans, Werner, Heinrich…

— Adolf…"

Ce sourire idiot, Rolf, tu m'as énervé.

"Ça, je me demande quel taré oserait appeler son fils Adolf aujourd'hui…"

Eva-Lena a parlé tout en gobant une cuillerée de son banana split, une vraie légèreté, pas la moindre once de fausse décontraction. Je comprends pourquoi Rolf est amoureux d'elle.

"Alors, comment tu la trouves ?"

Eva-Lena est rentrée chez elle pour garder sa petite sœur entre le départ de la baby-sitter et le retour de ses parents.

"Sympathique."

Une fois de plus, Klaus me laisse son lit. Il est parti en Italie avec des copains.

M. Bauer rentre du travail. Il me serre dans ses bras. Il sent la transpiration.

Je suis très content de vous voir, monsieur Bauer, homme chaleureux.

Il me demande des nouvelles de mes parents, de Max, de Bernard.

Je suis descendu acheter de l'ail.
Aujourd'hui, c'est moi qui prépare le déjeuner.
Bernard m'a donné du confit d'oie en bocal et un pot de "grillons", le tout fait maison par Mme Salavoux. La vieille conne, si elle savait où part son confit…
Il m'a aussi donné une bouteille de saint-émilion.
Mme Bauer me dit qu'elle et son mari ne boivent quasiment jamais de vin rouge.
Repas Sud-Ouest. Rolf va rater ça, il est allé passer le week-end dans la famille d'Eva-Lena.
Cet après-midi, je prends le train pour Neustadt. J'ai appelé Peter. Quitte à passer quelques jours sans Rolf, autant être à la campagne, chez son oncle.
Le confit baigne dans la graisse, je sens une certaine appréhension chez Petra quant au résultat.
Je fais des pommes sarladaises, Bernard m'a donné une leçon avant que je parte. M. Bauer est tout excité, il m'a fait enfiler un tablier de cuistot qu'il a sorti d'un placard. Il papillonne autour de moi, insiste pour m'aider, je lui donne l'ail à couper.

On mange les "grillons" avec des *Brötchen*. Tout le monde trouve ça très bon, moi je n'aime pas tellement, ça ressemble aux rillettes et je déteste les rillettes.
M. Bauer a ouvert la bouteille de vin à l'avance, en a versé le contenu dans une carafe (instructions de Bernard). Nous attaquons le confit.
Mes pommes sarladaises sont à peu près réussies. La première fois à Paris, elles étaient brûlées.
Les Bauer sont tout intimidés. On leur rebat tellement les oreilles avec la gastronomie française qu'ils ont peur de ne pas aimer, de ne pas savoir apprécier.
Le repas est assez silencieux, un peu solennel. Chacun vide son assiette en faisant de petits commentaires. "Très fin", "excellent", "surprenant".
Je n'arrive pas à savoir si ça leur plaît vraiment.

Peter est venu me chercher à la gare. Il a coupé ses longs cheveux, taillé sa barbe.
Il a débâché sa vieille voiture tout-terrain au moteur de Coccinelle.
Quand nous quittons la ville, Peter s'arrête pour enlever sa chemise. Il fait très chaud.
Je n'ose pas trop le regarder, je ne peux même pas regarder en coin, il est à ma gauche, côté œil merdique, je ne le vois quasiment pas. Je me tourne juste vers lui quand il me parle.
L'air s'engouffre de tous les côtés. Je lève les bras, joue avec la résistance de l'air.

"Tu es en Allemagne pour combien de temps ?

— Un mois."

Il est vraiment bien foutu, Peter.

"Comment ?

— Un mois !"
Avec tout ce vent, il faut crier.

Je me souviens de la première fois où je suis venu dans cette petite maison au fond de la forêt, il y a plus de quatre ans. Peter avait les cheveux longs, je n'avais pas compris que Art vivait là aussi. L'été dernier, les Bauer avaient loué un chalet près d'Innsbruck, en Autriche. Peter et Art étaient venus nous rejoindre quelques jours. On s'était bien entendus. En repartant, Peter m'avait ouvert les portes de son antre dans la forêt. "Viens quand tu veux." Me voilà. Peter se gare sous un arbre, nous entrons dans la maison, il appelle Art.

"Derrière !"

Nous posons nos affaires et rejoignons Art dans le jardin, derrière la maison, nu dans une chaise longue, torse poilu, peau mate, pubis noir, bite circoncise, Peter se penche pour l'embrasser, peau claire, torse glabre. Les deux sont joliment musclés.

Art se lève pour me saluer. Serrer la main à un homme nu, intimidant et ridicule à la fois.

Peter défait ses Birkenstock, enlève son pantalon.

"Ernst, quand il fait aussi chaud, on passe notre temps à poil. Alors, fais comme tu le sens, hein ? Ne te crois pas obligé."

On est en Allemagne. Pas de pudeur. Le soleil sur la chair.

"Je voudrais prendre une douche.

— Il y a des serviettes dans le placard."

Au moment où la bite de Peter surgit hors de son slip, je file dans la maison.

J'ai besoin de me sentir propre.

Je prends une serviette, me déshabille dans la cuisine-salle-de-bains-salon-salle-à-manger, tasse mon short, mon T-shirt, mon slip et mes chaussettes dans mon sac.
Je ressors avec la serviette autour de la taille, je l'étends au sol et m'allonge sur le ventre. Je suis maigrelet, maigre et laid. Art somnole dans sa chaise longue, il me semble qu'il bande légèrement. Peter a disparu. Art ouvre un œil. Il me lance un tube de crème solaire.
"Mets de la crème, tu es blanc."

La tombée de la nuit n'a quasiment pas rafraîchi l'atmosphère. Nous avons cuisiné, mangé, arrosé le jardin sans nous rhabiller.
Peter m'a ouvert le canapé en bas. Je m'endors à l'aube. Toutes ces heures à me promener à poil, ces deux corps, ces deux sexes sous mes yeux, à portée de main, ça m'a épuisé nerveusement.

Deux jours s'écoulent au rythme de la forêt, des baignades dans le lac, des parties de badminton, des balades à vélo.
Ernst, bouge-toi le cul, tu reprends le train demain soir, monte, ils diront non s'ils ne veulent pas, ils n'en feront pas une montagne.

"Je peux dormir avec vous ?"

Peter et Art sont couchés, chacun lit le dos calé par un oreiller. Après avoir hésité une demiheure, j'ai grimpé l'escalier de la mezzanine.
Ils semblent surpris par mon arrivée.

"Si tu veux."

Je ne sais pas trop de quel côté aller.
Art sent mon hésitation.

"Viens au milieu."

Je marche sur le matelas posé à même le sol et me glisse sous le drap. Ils me font un peu de place.

"Il n'y a pas d'autre oreiller, tu aurais dû apporter le tien."

Je redescends le chercher, je heurte un pied du canapé avec mon gros orteil droit, je serre les dents, j'attrape mon oreiller, je remonte et m'installe.
Pourquoi faut-il toujours que je me bousille un pied dans les moments clés ?

Ils reprennent leur lecture.
Je ferme les yeux quelques minutes. La douleur se calme, je m'enfonce dans leur bulle, deux cuisses moites le long des miennes, deux souffles.
Je repense à ce jour où, dans mon petit lit d'enfant, j'ai senti avec désespoir qu'il allait falloir laisser s'écouler patiemment les années pour devenir un homme parmi les hommes.

Art a déployé une carte sur la table.
Ils partent en Israël la semaine prochaine. Art nous montre l'endroit où vit son frère, en plein désert.
Art est juif.
Il m'explique qu'il est né à Tel-Aviv, que ses parents habitent là-bas. Sa mère est originaire de Tunisie, elle parle très bien le français, d'ailleurs. Son père est d'origine allemande, il a survécu grâce à une famille de Neustadt qui l'a caché dans un recoin de cave. Tous ses oncles, tantes, grands-parents, ont été tués dans les camps.
Peter est penché sur la carte d'Israël. Je pense à son père, le vieux Rösching, à Dachau, aux oncles, tantes, grands-parents de Art, à mon père, à ma mère.
Que faisaient mes grands-parents pendant la guerre, les Wommel, les Stöckl ?

“Après mes études, j'ai fait un voyage en Europe. J'avais décidé de passer à Neustadt, pour voir la ville où a grandi mon père. J'ai rencontré Peter et je suis resté. Ça fait cinq ans maintenant. C'est drôle, hein ?”

Peter m'a ramené à la gare. Il a embrassé mon front. J'ai sauté de la voiture, il est reparti.

Les arbres défilent. Les talus.
Le bruit régulier des jointures de rail sous les roues.
Un homme me regarde. Il est assis en face de moi, près de la fenêtre, il donne le biberon à son bébé, sa femme est plongée dans un gros bouquin. Je sors dans le couloir du wagon, je fixe le jeune père à travers la vitre du compartiment, il confie le bébé à sa femme, se lève et se dirige vers la porte coulissante. Je marche vers les toilettes, occupées, il est derrière moi, il souffle comme une cheminée, je sens sa chaleur sur ma nuque, la porte s'ouvre, une dame apparaît, elle s'éloigne, j'entre, il me suit, je ferme la porte derrière lui, il me soulève, je suis debout sur la cuvette, il baisse mon pantalon et mon slip, prend ma bite dans sa bouche, j'aperçois son sexe entre mes genoux, il se branle, je jouis dans sa bouche, je saute de la cuvette, je referme mon pantalon, il attrape mon visage, tente de l'entraîner vers le bas, je résiste, "non", je sors, il referme la porte derrière moi, je retourne dans le couloir au niveau de notre compartiment, le bébé s'est endormi dans les bras de sa maman, nous dépassons la gare de Homburg, j'ouvre la fenêtre, il entre dans le compartiment, se rassied près de sa femme.

Avant Saarbrücken, je fais glisser la porte, attrape mon sac au-dessus de mon siège et sort. Je me penche à la fenêtre. Le vent s'engouffre dans mes yeux, dans mes narines, déforme

mes joues. Un sifflet de train se précipite sur moi suivi par une explosion d'air, une locomotive, des dizaines de wagons de marchandises, une pluie de gouttelettes.
J'étais avide, je suis vide.
Saarbrücken-Hauptbahnhof.
Rolf.

Mon anniversaire tombe en plein été. Quand j'étais enfant, pas de fête, personne n'est à Paris l'été. Depuis que je viens chez les Bauer, c'est devenu un rituel, je souffle mes bougies le 3 août, chanson, cadeau.
Cette année, dix-sept bougies, applaudissements, *"Happy birthday to you…"*, les Bauer chantent faux, *"… happy birthday to you…"*, les Bauer chantent de plus en plus faux, *"… happy BIRTH-day to you Ernst…"*, ils braillent pour monter à l'octave, *"… happy birthday to youuuu !"*, dégueulando très réussi, je déchire le paquet, des chaussures de randonnée, un cadeau qui annonce notre départ pour Chio, île grecque. Les Bauer aiment marcher. Les trois derniers étés, ils m'ont emmené dans le Vercors, dans les Tatras en Slovaquie et près d'Innsbruck en Autriche, nous avons beaucoup marché, j'usais une paire de tennis à chaque fois, ce sont mes premières chaussures de marche.

Le soir, Rolf me donne un autre paquet. Je suis déjà couché, je me relève, j'ouvre, un livre, *Mars* de Fritz Zorn.

"C'est l'histoire d'un type qui a un cancer et qui pense que c'est son éducation qui l'a rendu malade. Il déverse sa rage comme le pus sort d'un abcès et il meurt.

— Merci. Pourquoi tu me racontes la fin ?

— Ce n'est pas un roman, il n'y a pas de suspense, c'est l'auteur qui est mort après avoir fini d'écrire."

La toute nouvelle Audi 80 n'a pas de climatisation, nous crevons de chaud pendant tout le voyage.
Route jusqu'à l'Italie, bateau jusqu'au Péloponnèse, route jusqu'à Athènes, bateau jusqu'à l'île de Chio, route jusqu'à Kardamyla, deux jours sur la route, deux nuits en bateau. Sur le premier ferry-boat, beaucoup de plaques allemandes, nombreux Turcs et quelques Grecs qui rentrent au pays pour les vacances. Sur le deuxième, peu de voitures, beaucoup de piétons, de camions qui ravitaillent Chio et Lesbos. Pas un Turc. Les ponts sont pleins à craquer, les familles dorment à même le sol, les Bauer ont réservé une cabine à quatre couchettes, Rolf a insisté pour dormir par terre les deux nuits. Bruits inédits, la salle des machines un peu trop proche, le ronflement de M. Bauer. Je ne ferme pas l'œil de l'Italie à la Grèce, je dors comme un bébé du Pirée à Chio, épuisé.

Rolf fait la gueule pendant tout le voyage.

"Sa Eva-Lena lui manque."

Petra m'explique tout sur le ferry pendant la première nuit de voyage, "Papa et maman ne connaissent pas Eva-Lena, Rolf ne leur a pas présentée, alors quand il a commencé à parler de l'emmener en Grèce avec nous, ils l'ont envoyé balader. De toute façon, il n'y aurait pas eu assez de place dans la voiture."

Petra est mon informatrice dans la famille Bauer. C'est elle qui m'a raconté que Peter a un jour craché au visage du vieux Rösching, qu'il a juré de ne plus jamais mettre les pieds chez ses parents, que, depuis, il n'a vu son père que trois fois (en onze ans), à l'occasion de cérémonies familiales, que ça s'est systématiquement terminé par une engueulade entre Peter et son père, Peter et sa mère, Peter et sa sœur.

Quelques bateaux de pêche, quelques petits voiliers et deux énormes yachts mouillent dans le port de Kardamyla.
La maison donne directement sur le quai.
Tout le Nord de l'île est couvert de petites montagnes pelées par la chaleur bordées de villages côtiers et de plages de galets.
Jusqu'à seize heures, le soleil est insupportable. Nous marchons le matin et après dix-sept heures.
L'après-midi, les rues se vident de leurs petites motos, de leurs voitures de sport rafistolées. La jeunesse locale va s'entasser sur la plage de Nagos, un charmant village accroché au bord de l'eau à flanc de coteau.
Nagos, la Côte d'Azur locale.
Les autres habitants travaillent ou font la sieste.
Nous allons peu sur les plages. Les galets sont brûlants, il n'y a pas d'ombre. Nous nous baignons devant la maison, dans le port, comme les vieux du village.

Quand nous ne partons pas en excursion pour la journée, une répartition naturelle se fait dans la maison après le déjeuner. Les ventilateurs tournent à plein régime.

J'aime la chaleur assommante du soleil au zénith, j'ai élu domicile avec une chaise longue sur le balcon du premier, protégé du cagnard par le balcon du deuxième où personne ne s'aventure, une véritable rôtissoire à ciel ouvert. Tous les jours vers treize heures trente, notre voisine, la soixantaine dynamique, sort de sa maison en maillot de bain, traverse la rue, pose une serviette sur le quai près de l'échelle et descend dans l'eau pour se faire la baie de Kardamyla à la nage. Je ne la quitte pas des yeux.

Elle progresse sans effort apparent. Quand elle s'approche de l'autre rive, je ne vois plus qu'un petit bouchon rose apparaître et disparaître dans la houle, son bob, précaution contre l'insolation qui menace. L'aller-retour lui prend environ quarante-cinq minutes.

En fin de parcours, elle remonte lentement en prenant garde à ne pas se blesser les pieds avec les barreaux de l'échelle, s'essuie au bord de l'eau, traverse la rue et rentre chez elle.

J'aime son air paisible, ses muscles de fer dans son deux-pièces de velours.

Mme Bauer est sortie de la maison pour aller se rafraîchir dans l'eau du port. Plus je la côtoie et plus je trouve qu'elle ressemble à mon père, le même mélange d'agitation intérieure et de mutisme, cette irritation qui n'ose pas s'exprimer, ce même poids dans la respiration, cet air perpétuellement soucieux.

Mme Bauer est une excellente nageuse. Elle passe le plus clair de son temps sous l'eau quand elle se baigne. Elle plonge en canard, ne remonte qu'une à deux minutes plus tard.

“Je me pose au fond de l’eau dans les algues, je vide suffisamment mes poumons pour ne pas avoir à lutter contre la remontée et je ne bouge plus, ça me fait du bien.”
Moi, ça m’étouffe.
Parfois, j’ai l’impression qu’allongée au fond elle attend la noyade.

Le soir, Nagos est désert, c’est Kardamyla qui se peuple. Le vent se lève, les restaurants et les bars du port fourmillent de touristes grecs, revenus sur leur île pour les vacances après onze mois de dur labeur à Athènes, Francfort, Berlin, New York ou Chicago. Ceux qui ont réussi paradent avec une Lincoln, une Mercedes, les messieurs sont habillés chic mais sport, les dames long et voyant, les enfants parlent américain ou allemand entre eux.
Sur l’île, les touristes européens sont rares. Ils préfèrent les Cyclades, plus proches d’Athènes. Chio pointe à huit kilomètres de la Turquie, la traversée depuis Le Pirée dure douze heures. Nous croisons toujours les mêmes familles et les mêmes couples français, belges, hollandais ou danois lors de nos excursions ou dans les restaurants.

“Ah t’as vu, c’est la famille de Boches !

— Qui ça ?

— Eux, là, près de la fenêtre, avec les trois mômes. Tu sais bien, on les a vus hier à Anavatos.

— Ah ouais.”

Des Français, bien sûr.

Anavatos hier, village médiéval en ruine posé au sommet d’une falaise, les habitants se sont

jetés dans le vide en voyant arriver les Turcs lors de la dernière invasion.
Plutôt morts que turcs.

Ne jamais commander un café turc. Le café avec le marc au fond de la tasse, ici, ça s'appelle un café grec.

"A greek coffee, please.
Thank you."

Rolf a retrouvé sa bonne humeur, il s'est fait une raison, il ne reverra pas Eva-Lena avant la fin des vacances.
On a découvert une immense plage de galets à cinq cents mètres de Nagos, on prend le bus en fin de matinée, on rentre en fin d'après-midi pour la promenade rituelle.
Maintenant, c'est Petra qui fait la gueule. Elle n'ose pas nous demander de l'emmener à la plage, on en profite pour ne pas le lui proposer, on l'abandonne lâchement dans la maison familiale pour l'après-midi.

L'air est sec, le soleil cogne, la plage est déserte. Mes boutons sèchent à vue d'œil. Encore quelques jours de ce traitement et je retrouverai une peau de bébé.
Par vent d'est, on peut deviner les cris et les rires des adolescents entassés sur la minuscule crique de Nagos de l'autre côté de la colline. Mes semblables me dépriment, je ne sais pas être comme eux, jouer au volley-ball au-dessus des gens qui bronzent, piétiner tout le monde, ramasser le ballon en souriant une excuse distraite près d'une dame sur laquelle il vient de rebondir, nager un crawl ou un pap somptueux pour

épater la galerie, arborer fièrement des Ray-Ban dernier cri, le tout sans me sentir ridicule.
Rolf est comme moi.
Tous les deux, on se fout la paix, on vieillit sur la même route, les années ne nous façonnent pas dans des terres différentes.
Et son corps ne me manque pas, ce n'est pas ce que je veux de lui, il le sent et il est rassuré.

La première chose qui m'est venue à l'esprit quand j'ai vu mon nom sur la liste, c'est qu'après quinze ans de voisinage scolaire je voyais Thierry Fornerie pour la dernière fois. Je suis bachelier.

Ma mère est assise à ma gauche, mon père en face de moi, Max à sa droite. La famille est réunie, une grande première depuis la séparation. Nous fêtons mon bac.
J'ai réussi à l'arracher au rattrapage et grâce aux options.
Ça fait ricaner Max. Ça me suffit amplement.
Horst a réservé une table dans un restaurant près de chez lui. Max dévore ses spaghettis bolognese comme si quelqu'un allait les lui voler, Katarina décortique patiemment son crabe, Horst a commandé une tête de veau sauce gribiche. Il la trouve trop salée.
Nous buvons du vin rouge, Horst remplit régulièrement mon verre.

"Alors, Ernst, qu'est-ce que tu veux pour fêter ton bac ? Une Mobylette, comme Max ?"
J'attendais cette question.

"Avec Rolf, on aimerait passer un moment à Berlin cet été…

— Putain de bordel, je me disais aussi, ça fait un bon moment que ce Rolf n'est pas revenu sur le tapis.

— … Alors si ça vous va, vous pourriez m'offrir le billet de train.

— Pour ton bac… dit ma mère un peu solennellement … nous t'offrons ton baptême de l'air."

Je réalise qu'elle n'a quasiment pas desserré les dents depuis le début du repas. Nous voici revenus quelques années en arrière : Katarina effacée derrière Horst et son jargon béret-baguette.

"Ça, c'est vous qui voyez. L'avion, c'est plus cher."

Horst suit son ex-femme.

"On m'a dit que c'était tout un bordel pour aller à Berlin en train, un voyage interminable."

Max avale sa dernière bouchée de spaghettis.

"Tu vas prendre l'avion, mon salaud.

— C'est sûr qu'en avion je serai plus vite arrivé.

— Adjugé vendu."

Je balbutie un inaudible "merci". Le vin me monte à la tête.

"Pourquoi n'avez-vous jamais pris la nationalité française tous les deux ?

— Qu'est-ce qu'on en avait à foutre ? On vivait en France, on avait un travail et on n'avait pas l'intention de voyager, alors…"

C'est mon père qui répond. Ma mère prend le temps de réfléchir, il réagit donc toujours plus vite.

"Oui, mais nos passeports allemands à nous, Max et moi, il a bien fallu les demander.

— C'était plus simple comme ça. On a fait au plus simple.

— Pourquoi vous nous avez appelés Max et Ernst ?

— Et pourquoi pas ?”

Horst me connaît, il sait bien que j’attends une vraie réponse après une vraie question. Ça ne l’empêche pas de tenter sa chance vers la voie de garage la plus proche.

“Je veux dire, pourquoi pas Pierre, Paul, Laurent ou Thierry, vous avez fui l’Allemagne, on est nés en France, vous ne nous avez pas appris l’allemand, vous auriez pu nous appeler Laurent et Thierry, non ?

— On n’a pas fui, on est partis. Nuance.

— C’est une idée que ton père a eue à ta naissance. On avait appelé ton frère Max parce qu’on trouvait ça joyeux et, quand tu es né, on avait juste un prénom pour une fille, tu sais, il n’y avait pas d’échographie à l’époque, on n’avait pas de prénom de garçon, alors papa a pensé à Ernst.

— Max et Ernst. En hommage à Max Ernst.

— Ça je m’en doute papa, mais pourquoi ?

— Comme ça.

— Parce qu’il était allemand et qu’il est devenu français ?

— Il est devenu français ?

— Oui. Naturalisé.

— Tiens. Je ne le savais pas.

— Tu aimes sa peinture ?

— Oui.”

J’ai l’impression de lui tirer les vers du nez.

“Qu’est-ce que tu aimes particulièrement chez Max Ernst ?

— La violence des couleurs.

— Et comment je me serais appelé si j’avais été une fille ?”

Maman semble agressée par ma question.

"Karla.

— Ouais. Pas mal."

Je n'avais pas revu mes parents ensemble depuis le divorce. Je n'avais jamais remarqué à quel point ils étaient mal assortis.

Je suis assis dans la salle d'embarquement parmi une centaine de personnes, nous attendons, les enfants jouent par terre, certains ont à peine trois ans, ils vont déjà prendre l'avion, se rendent-ils compte ?, non, il y a même des bébés, j'ai donné mes valises au contrôle des bagages, j'ai traversé la douane sans encombre, mon cœur battait la chamade en passant sous le portail détecteur de métaux, peut-être ma peur allait-elle déclencher la machine, non, si !, ça a sonné, j'ai fait sonner la machine, mes clés dans la poche de mon pantalon. De quoi ai-je si peur ?

D'être en faute, pas complètement en règle, pas vraiment légal, pas à ma place, un Wommel qui va prendre l'avion pour Berlin, le berceau de la famille, qui va longer le mur à pied, visiter le Reichstag, arpenter le Kurfürstendam, qui va rester planté devant la Gedächtniskirche, la dent creuse, l'église du souvenir, sentir l'absence de souvenirs, qui va boire des bières dans les *Kneipen* de Kreuzberg, passer à l'Est avec son visa de quelques heures et ses vingt-cinq ostmarks de change obligatoire, qui va découvrir le sens de "guerre froide" dans toute son absurdité, une ville coupée en deux, une moitié de quelque chose, une moitié d'autre chose, des rails de tramway fonçant dans un mur, un Parigot qui pour l'instant tourne le dos à l'immense baie vitrée à travers laquelle le nargue l'énorme Boeing avec son gros nez, les minuscules hublots de son cockpit et les deux longues, les deux interminables ailes accrochées à ses flancs, comme par miracle.

Rolf me rejoint là-bas. Pas de Saarbrücken cet été.

L'atterrissage à Tempelhof ressemble à un crash, je ne suis pas le seul à le penser, l'effroi a saisi l'ensemble des passagers en voyant les immeubles frôler le ventre de l'appareil.
Aéroport près du centre, rideau de fer oblige.

"Berlin, la ville qui ne dort jamais."
Rolf connaît bien Berlin. Il y a fait plusieurs voyages scolaires.
"Mais non, c'est New York, *the city that never sleeps.*
— Berlin ne dort jamais non plus."
Nous dormons dans une *Jugendherberge*, lits superposés.

Rolf et Ernst sont à la poste. Ernst écrit ses cartes postales, toutes en une seule fois, pour en être débarrassé. Rolf a attrapé un bottin.

"Comment il s'appelait ton grand-père ?"
Ernst répond distraitement. La corvée cartes postales monopolise son attention.

"Wommel.

— Evidemment. Mais son prénom ?

— Hermann.

— Ernst-Max, Hermann, ça se ressemble, non ?

— Ta gueule Rolf. J'écris mes cartes."
Rolf est susceptible. Il se tait, feuillette le bottin.

"Ernst…

— Quoi encore ?

— Il y a un Hermann Wommel à Berlin.

— Mon grand-père est mort depuis longtemps.

— Qu'est-ce que tu en sais ?"

Ernst croyait être venu à Berlin pour voir le mur.

En Allemagne, quand on décroche, on dit son nom.

"Wommel..."

Rolf est à côté de moi dans la cabine. On en a trouvé une qui est protégée des bruits de la rue.

"Bonjour, ici Horst.

— Horst ? Horst quoi ?

— Horst Wommel.

— ..."

Il se tait, je me tais.

Je m'appuie contre la vitre de la cabine. Je glisse vers le sol.

"C'est toi, Horst ?"

Je tends le combiné à Rolf, il raccroche. Mon grand-père est vivant.

Rolf ose un "Alors ?", je lève les yeux vers son visage, ses deux grands yeux m'interrogent, il est mignon, mon Rolf, mon vieux pote.

Il se baisse et me caresse la joue.

"Wommel...

— Ici Ernst Wommel, fils de Horst Wommel et de Katarina Stöckl, épouse Wommel, émigrés en France en 1961."

C'est Rolf qui rappelle, je suis trop bouleversé, j'ai avalé ma langue allemande. Son ton est calme et froid. Je suis collé à lui, j'ai approché mon oreille de l'unique écouteur.

"C'est une plaisanterie ?

— Non. Je vous ai appelé il y a quelques instants, je me suis fait passer pour mon père parce que vous ne me connaissez pas. Je voulais savoir comment vous réagiriez au nom de Horst Wommel.

— Je ne vous crois pas..."

J'ai appuyé sur le bouton qui coupe la communication.

C'est insupportable.

Nous sortons de la cabine.

"Tu n'es pas obligé de le rappeler.

— Rolf, j'aimerais qu'on quitte Berlin.

— Si tu veux. On va où ?

— J'en sais rien. N'importe où. Sauf à Hambourg.

— Hambourg ?

— Ma mère est de là-bas."

Rires.

"On n'a qu'à redescendre vers Saarbrücken en stop.

— Et mon retour en avion ?

— Tu essaieras de te le faire rembourser."

"Allô…
— Bonjour maman, c'est Ernst.
— Mon chéri ! Comment vas-tu ?
— Pas mal…
— Tout se passe bien à Berlin ?
— Oui.
— Ça te plaît ?
— En fait, je ne suis plus à Berlin.
— Tu es où ?
— On est redescendus à Saarbrücken.
— Ah bon… Tout va bien ?
— Oui maman."

Elle ne me demande pas pourquoi j'ai quitté Berlin. Typique.

"Maman, je vais rester en Allemagne quelque temps.
— Comment ça ?
— Quelques mois, le temps de voir comment ça fonctionne ici…
— Et tes études ?
— Je commencerai l'année prochaine.
— Ah… Tu es sûr ?
— Oui.
— Mais tu vas vivre de quoi ?
— Je vais travailler.
— Tu crois que ça se trouve comme ça, un job ?

— M. Bauer va me faire entrer dans l'usine où il travaille."

Long silence.

"Si tu as besoin de quoi que ce soit…

— D'accord.

— Tu appelleras ton père ?

— Ben… J'aimerais mieux que tu le fasses.

— Ernst…

— Ah ! autre chose. Je ne viendrai pas au mariage de Max.

— Quoi ?!?

— C'est comme ça. Deux cents personnes dont cent quatre-vingt-dix que je ne connais pas, tous ces sourires, ces mains à serrer, ces joues à embrasser, c'est au-dessus de mes forces."

Max se marie bourgeois. Noce imposante.

"Ton frère va être déçu.

— Mon frère s'en fout comme de l'an quarante.

— Ce n'est pas vrai.

— Demande-lui.

— Même s'il le dit, ce n'est pas vrai."

Pour mon père, mon parcours n'a été qu'une longue et angoissante perte de contrôle.
Pour ma mère, je viens de quitter les rails.

J'ai mal à la tête, un mal diffus que je n'ai pas senti venir, qui ne me quitte plus. On m'envoie chez un grand professeur, il découvre qu'un bulbe s'est infecté à la racine d'un cheveu, une fine couche de pus s'est développée sous mon cuir chevelu, a envahi la surface de mon crâne. Le docteur me tond, m'applique une crème, me demande de rentrer chez moi, d'attendre. Je suis chez moi, boule à zéro, j'attends, ça me démange, je me gratte au-dessus de l'oreille gauche, ma peau se fend, le pus s'écoule en un mince filet continu, ça fait mal, je suis bloqué sur ma chaise, j'éponge le pus, il coule pendant plus de cinq heures, c'est interminable, le réveil sonne, j'émerge, trempé, il est seize heures.

Je dîne à dix-neuf heures trente et je pars pour l'usine. A vingt et une heures, je dois remplacer celui qui fait le même boulot que moi, qui a embauché à treize heures. On me relaiera demain matin à cinq heures.
Le travail de nuit est moins éprouvant, la température ambiante est supportable. Le jour, le soleil tape sur le toit et la verrière, les hommes bossent dans la fournaise.

La nuit est plus calme, aussi. Il y a moins de monde, certains postes sont inoccupés, une semi-pénombre enveloppe les machines. On m'appelle "le Français". La communication est très étonnante entre les Italiens, les Turcs et les quelques Allemands qui s'affairent, on m'a vite intégré à l'équipe, j'ai découvert le sabir local, mélange de langues méditerranéennes, d'allemand et de dialecte sarrois.
Je bois beaucoup d'eau et beaucoup de lait, le travail sur mon laminoir me demande une énergie dont je ne pensais pas disposer, je n'ai jamais autant transpiré de ma vie.
Je dois remplir la machine avec des pelletées d'une matière composite jaune et malodorante, la recueillir dans un bac en écheveaux d'une fine couche laminée, puis empiler délicatement les paquets sur un chariot.

Le matin, je rentre en bus, je m'achète des *Brötchen* tout frais, je me fais un petit déjeuner et je me couche. J'ai trouvé une chambre dans une *Wohngemeinschaft*. Un interminable couloir me sépare du reste de l'appartement, je ne suis pas réveillé par la vie des autres. J'habite avec Udo, Suzanne et Cornelia, étudiants à l'école d'interprétariat. Je les connais à peine. Je les croise le soir dans la cuisine quand je me lève. Ma tête endormie les amuse.
Les règles de la communauté sont très strictes. Chacun sa bouffe, chacun sa part de ménage. Il s'agit d'éviter que la cohabitation ne tourne au vinaigre.
Maman et Bernard ont décidé de payer ma chambre.

Je travaille, je dors, je dors et je travaille. Et je sais pourquoi je suis resté.
Je veux savoir. Ça commence ici.

Hannelore KNECHT épouse RÖSCHING (1919, -)

Depuis son hémorragie cérébrale, la grand-mère de Rolf vit à l'hôpital.

"Le début des années... trente, c'était terrible... il y avait des millions... de chômeurs en Allemagne... on était très très pauvres... le Führer nous a redonné du travail... il représentait l'espoir... il disait qu'il allait s'occuper... de nous, qu'il ne nous... abandonnerait pas... que nous méritions un meilleur avenir... il n'a pas fait... que des horreurs en tout cas... pas au début..."

La vieille femme hérissée de tuyaux s'exprime au rythme de son respirateur artificiel. Deux secondes pour aligner les mots en expirant, une seconde de silence en inspirant. Les phrases sont hachées.

"Il y a probablement eu un moment... où c'est devenu possible... de s'apercevoir qu'Hitler allait... comment dire... prenait la mauvaise route... je me souviens que des intellectuels sont... partis, ont quitté l'Allemagne... je ne sais plus... leur nom... des écrivains un... musicien qui a fait des opéras... avec Brecht... et d'autres... nous on n'était pas très intéressés...

par la politique… on s'est juste sentis… un peu plus respectés… on n'a rien vu venir…"
Le rythme de la machine ne paraît plus convenir à Mme Rösching.

"Excuse-moi Ernst, il faut que je… me repose un peu."
J'en profite pour aller pisser. Ça fait un bon moment que ma vessie est au bord de l'explosion.

"Une fois je passais dans la… rue il y avait des juifs qu'on emme… …nait de force… la Gestapo… j'ai vu toute la famille… monter dans… la voiture… le père… la mère avec un bébé… dans les bras… et deux enfants de… quatre et sept ans… maximum… j'ai pensé mon Dieu… heureusement que je ne suis pas… juive… en quarante-deux… ou quarante-trois je ne sais plus… là ça faisait bien longtemps… que tout allait… mal…

— Et votre mari, il est entré à Dachau en quelle année ?"
Inspirations et expirations contraintes, Mme Rösching ne dira pas "Je ne parle pas de ça". Pas d'efforts inutiles.
Pas un mot sur son mari, aucun commentaire sur les années Dachau, elle emportera tout ça dans sa tombe.

BALDUR RÖSCHING (1917, -)

Je n'ai pas vu le vieux Rösching depuis plus de deux ans. Il a encore grossi.

"Je t'ai déjà dit tout ce que j'avais à en dire la première fois que tu es venu à Saarbrücken. Tu n'avais qu'à me poser des questions.

— J'étais trop jeune et je ne parlais pas assez bien allemand.

— Tant pis."

Le ton est doux mais ferme.

"A ce propos, pourquoi vous m'avez raconté ça à moi, alors que ni Klaus, ni Petra, ni Rolf n'étaient au courant ?

— Je ne sais pas. Je pensais bien faire. Je ne sais plus. Va-t'en maintenant, il faut que j'aille rendre visite à ma femme.

— Pourquoi vous êtes-vous fâché avec Peter ?

— Ne me parle pas de Peter. Depuis l'adolescence, il a toujours tout fait pour nous humilier."

J'ai trouvé le sujet qui fait perdre au vieux Baldur son calme olympien.

"Qu'est-ce qu'il a fait…

— Qu'est-ce qu'il a fait ? Tu traverses une terrible guerre où tu endures les pires privations, tu t'efforces de faire malgré tout ton devoir, de défendre ton pays, tu te fais piétiner par des étrangers après la défaite, on te dit que tu aurais dû désobéir aux ordres, tu vis dans l'angoisse d'être arrêté, tu décides de tout oublier, tu participes à la reconstruction de ton pays, tu fais un garçon, tu te tues au travail pour lui donner tout ce qu'il est possible d'avoir et ta récompense, c'est un fils homosexuel qui t'insulte du matin au soir en te traitant de monstre et qui part vivre dans une forêt avec un juif.

— Ça vous ennuie qu'Arthur soit juif ?

— Ça m'est complètement égal, juif, pas juif, ils font ce qu'ils veulent, ça ne me regarde plus.

— Si Arthur n'était pas juif, vous vous sentiriez moins humilié ?

— Ne joue pas au plus malin avec moi mon petit Ernst, je te vois venir, ne me fais pas dire ce que je n'ai pas dit.

— Vous avez dit qu'avoir un fils homosexuel, qui vous insulte du matin au soir en vous traitant de monstre et qui part vivre dans une forêt avec un juif…

— Ça n'est pas ce que j'ai dit.

— Vous voulez que je vous repasse la cassette ?

— Quelle cassette ? Espèce de petit salaud ! Tu n'as pas le droit !"

Baldur Rösching bave de rage, il essaie de s'extraire de son canapé, en vain. Cinquante kilos superflus l'en empêchent. J'abandonne la tortue sur son dos sans lui dire qu'il n'y a pas de cassette.

GISELA RÖSCHING épouse BAUER (1942, -)

Quand j'ai dit à Mme Bauer que Rolf souhaitait assister à notre entrevue, elle m'a donné rendez-vous à seize heures dans une *Konditorei* du centre-ville.
Pour parler de sujets brûlants, rien ne vaut un lieu public, chacun est en devoir de garder son calme, il est hors de question de se donner en spectacle.

Embrassades, nous nous asseyons.
Rolf écourte les banalités sur ma famille.
Mme Bauer est sur la défensive.

"Ça n'est quand même pas lui qui a décidé de quitter le front pour être gardien dans un camp de concentration !

— A supposer, maman, qu'il ait passé un seul jour au front..."

Mme Bauer se met à chuchoter pour étouffer son agacement. Rolf tient la forme aujourd'hui. Cela fait à peine trois minutes que nous parlons, sa mère menace déjà de péter un plomb. Je me tais et j'observe. Je prépare la future discussion avec mon père.

"Qu'est-ce que tu vas chercher ?

— Ça ne te paraît pas bizarre, à toi, d'être muté du front russe vers un *Konzentrationslager*, alors que les Allemands ont toutes les peines du monde à tenir leurs positions ?

— Il a été blessé, il ne pouvait plus combattre.

— Ben voyons, il a été blessé, c'est nouveau."
Le visage de Mme Bauer se déforme de plus en plus car son chuchotement crispé ne peut pas absorber toute l'énergie produite par son angoisse.

"Non, ce n'est pas nouveau ! Et qu'est-ce que tu en sais, toi ?"
Ce qu'on peut devenir bête quand on panique.

"Pas grand-chose, en effet. Vous ne vous êtes pas bousculés pour me raconter."
Mme Bauer fond en larmes.
Evidemment, tout le monde nous regarde.

"Moi-même, je ne sais pas grand-chose ! Je t'ai dit cent fois que mon père n'en parlait jamais, sauf par allusions, de temps en temps. Dès que quelqu'un sonnait à la porte, il sursautait. Il m'envoyait ouvrir. Si je ne connaissais pas la personne, je devais dire «papa n'est pas là». Moi, je me demandais pourquoi mon père avait si peur. J'ai essayé de lui poser des questions, ça l'agaçait, il ne me répondait pas, il me disait qu'il avait déjà assez de soucis comme ça sans que je vienne en rajouter. Quant à ma mère, il était impossible de lui arracher quoi que ce soit.
J'avais quinze ans quand ma grand-mère m'a expliqué que mon père avait peur d'être arrêté, à cause de la guerre, en soulignant l'injustice de sa situation, en maudissant les «vrais responsables». Elle en avait plein la bouche,

ma grand-mère, des vrais responsables. «Parce qu'ils n'étaient pas tous à Nuremberg, les vrais responsables ! Il y en a qui se prélassent quelque part, qui ne seront jamais inquiétés, eux.»

— C'est ta grand-mère qui t'a appris que ton père avait été un *SS-Mann* gardien à Dachau ?

— Non. Elle est restée très évasive, je ne sais plus exactement ce qu'elle m'a dit à l'époque, que mon père avait fait son devoir, défendu son pays de l'ennemi intérieur, qu'après la guerre on recherchait ceux qui avaient protégé leur patrie pour les faire payer, quelque chose comme ça…

— Et quand as-tu appris les détails ?

— Je ne sais plus, peu à peu.
Rolf, j'étais un bébé pendant la guerre, je n'ai rien vu…

— Mais maman, je ne t'accuse de rien !

— L'homme qui m'a élevée n'était pas un monstre, il était un bon père, attentionné, très concerné par l'éducation de ses enfants, nous étions une famille unie.
Il a essayé de tirer un trait sur son passé, il n'a jamais été aux réunions d'anciens combattants.

— Encore heureux !"
Mme Bauer ne se soucie plus de discrétion. Autour de nous, chacun a repris la dégustation de son gâteau en essayant de faire abstraction de la nuisance sonore que nous constituons. Les serveurs sont inquiets et, cependant, ne se risquent pas à allumer la mèche d'une plus grosse bombe en venant nous demander de baisser d'un ton.

"Il a été un bon père, je te le répète, doux, patient, généreux.

— Mais il t'a menti ! Il t'a raconté des bobards ! C'est ça un bon père ?"
Mme Bauer pleure toutes les larmes de son corps.

"Je deviens folle."
Je pose une main sur l'avant-bras de Rolf pour l'arrêter.
Il a encore des choses à dire.

"Je comprends ce que tu me dis, c'est ton père, mais en ce qui me concerne, c'est un criminel, un SS, je ne veux plus le voir."
Rolf se lève, embrasse sa mère dont les larmes redoublent puis il sort.

Je mange mon *Käsekuchen* en silence.
Mme Bauer se calme peu à peu, son visage reprend forme humaine.

"Rolf est bien sûr de lui. Moi, je ne sais pas si j'aurais fait mieux qu'eux, à leur place. On ne sait pas."
Je regrette que Rolf soit parti avant d'entendre ça.

ULRICH BAUER (1941, -)

“Avant la guerre, mon père était postier à Kaiserslautern. Un bonhomme sans histoire. Il avait un ami au travail qu’il aimait beaucoup. Le dimanche, ils allaient pêcher.
Un jour, son ami lui a présenté sa sœur. Mon père l’a épousée. La vie a suivi son cours, les deux hommes ont continué à pêcher le dimanche.
Quand la guerre a éclaté, ils se sont vite retrouvés soldats. Son ami est mort au front dès le premier mois.
Mon père a combattu en Belgique, en France, puis en Russie. En 1945, il était de nouveau sur le front ouest, les Américains l’ont fait prisonnier, ils l’ont envoyé en France, à Cherbourg. Après l’armistice, il est rentré.
Moi, j’avais été conçu pendant une permission, je suis né en 1941 à Kaiserslautern.
J’ai grandi là-bas avec mes parents. Mon père était redevenu postier. Quand j’ai eu sept ans, ma mère aussi est entrée à la poste.
Plus tard, j’ai fait des études de comptabilité, j’ai rencontré Gisela pendant une soirée de la Saint-Sylvestre chez des amis à Bonn, je suis

venu m'installer à Saarbrücken avec elle, j'ai trouvé un travail, on s'est mariés et voilà.
Chez moi, on ne parlait jamais de la guerre, on n'avait rien à en dire. Mes deux grands-pères étaient morts pendant la Première Guerre mondiale, mes deux grands-mères vivaient à Kaiserslautern, elles ont prié avec ma mère pour que mon père ne finisse pas comme leur mari et comme Wilhelm, mon oncle. Elles sont mortes dans les années cinquante.
Aujourd'hui, mes parents sont à la retraite, on va les voir une ou deux fois par an.
Il y a quelques années, Rolf leur a demandé ce qu'ils avaient vécu pendant la guerre. Mon père lui a raconté la Belgique, la France, la Russie, la fin face aux Américains, la captivité puis le retour. Ma mère a parlé des années à Kaiserslautern avec un bébé, des rationnements, des bombardements, des ruines.
C'était une belle soirée pour moi, mes parents étaient fiers de raconter à leur petit-fils comment ils s'en étaient sortis, heureux que ça l'intéresse.
Je ne me souviens pas du tout des années de guerre, j'ai l'impression d'avoir toujours vu mon père.
A son retour, j'ai dû effacer."

ROLF BAUER (1964, -)

Rolf a décidé de m'apprendre à jouer aux échecs. On vient de faire trois parties, je commence à penser stratégie.

Rolf regarde mes yeux.

"C'est marrant, tu as un œil qui regarde au-dehors et l'autre au-dedans.

— Je suis amblyope.

— Qu'est-ce que c'est ?

— J'ai un œil qui fonctionne assez mal. Quand j'avais deux ou trois ans, il s'est arrêté de regarder.

— Comme ça ?

— Comme ça.

— Mais pourquoi ?"

Je ne retrouve plus le coup que j'avais préparé. Je joue n'importe quoi.

"Tu comprends astigmate ?

— Oui, *astigmatisch*.

— Quand je suis né, j'avais un œil normal, et l'autre très astigmate. Mon cerveau recevait donc une image simple et une image complexe. Il a choisi de garder la simple et d'éliminer la complexe. C'est à toi de jouer.

— Qu'est-ce que t'as fait, j'ai rien vu…

— La tour.
— Ah.
— Ce qui est bizarre, c'est qu'il y a des enfants qui naissent comme moi et à qui ça n'arrive jamais de perdre l'œil astigmate. Et on ne sait pas pourquoi.
— Peut-être qu'avec ton œil gauche, tu voyais des choses que tu ne voulais pas voir.
— Peut-être. Rolf, ça te dirait d'aller à Dachau avec moi ?
— A Dachau ?!?"
On dirait que je lui ai planté une fourchette dans la main.
"Qu'est-ce que tu veux aller foutre à Dachau ?
— Voir.
— Ernst, on sait, nous, on n'a pas besoin de voir !
— Alors c'est non ?
— Oui. C'est non."

PETER RÖSCHING (1951, -)

Peter est venu me chercher à la gare de Neustadt-Weinstrasse. Art n'est plus là pour nous accueillir dans la petite maison. Il est reparti vivre à Tel-Aviv.

"Ils me font marrer, les Français.
Ils font des moues dégoûtées à ce peuple allemand qui a suivi son Führer comme un seul homme.
Ils ont vite oublié la France des collabos."
Quand il parle des Français, Peter forme un cul de poule avec sa bouche. Il essaie de rendre le pointu de notre langue.
Après une gorgée de riesling, il reprend.

"La fée américaine a débarqué en Normandie et pouf, coup de baguette magique, tout le monde a applaudi de Gaulle en France, et en Allemagne plus personne n'était pro-nazi.
Pétain est plus facile à oublier, je l'admets, il n'a pas construit Auschwitz. Mais quand même, il a laissé des traces, la grande nation française a eu tendance à les enterrer un peu vite et elles lui pèteront bien à la gueule un jour.
Liberté, égalité, *Kamillentee* !

Quand j'étais petit, il y avait d'un côté les horreurs commises par les nazis, dont je ne savais pas grand-chose et, de l'autre, ma vie quotidienne, un gentil papa, une gentille maman, une gentille grande sœur, mes copains d'école. Tout fonctionnait comme si les nazis s'étaient volatilisés à la fin de la guerre.
Adolescent, j'ai commencé à me révolter contre le cocon familial, le consensus généralisé, on faisait tout ensemble, tout allait toujours pour le mieux. C'est à cette époque-là que j'ai commencé à assembler les quelques informations que j'avais pu recevoir au cours de mon enfance sur le passé de mon père. Elles m'avaient jusqu'alors glissé dessus. Un jour j'ai pris conscience de ce que je savais déjà, mon père était un salaud, il avait fait le porc à Dachau et en plus il considérait avoir fait son devoir. Je ne l'ai jamais entendu dire qu'il se sentait responsable de quoi que ce soit. Si encore il avait regretté, s'il avait admis sa part de culpabilité, mais non.

— Comment tu as su qu'il était SS à Dachau ?

— C'était à un mariage. Il était complètement bourré, il a retrouvé par hasard un de ses anciens «collègues» dans le couloir du restaurant, il l'a invité un moment à notre table, ils se sont raconté quelques vieux souvenirs en vidant des bières. C'est là que je l'ai entendu parler de son entrée dans la SS en trente-sept, de Dachau, des commandos de travail, du portail sur lequel était inscrit *Arbeit macht frei*, ma mère ne savait plus où se mettre.

— La pauvre.

— Ne la plains pas trop. Ma mère a toujours soutenu mon père, contre vents et marées.

Ils me dégoûtent.
Elle vivait déjà avec lui à l'époque, tu te rends compte ? Un petit mari qui rentre tous les soirs après avoir fait sa journée au camp, qui met les pieds sous la table pour manger sa soupe… Et comment s'est passée ta journée mon chéri ?… Et combien de juifs a dévorés ton chien ?… Et combien de pédés as-tu broyés avec la crosse de ton fusil ?…
A la fin, on s'engueulait tout le temps. Gisela prenait systématiquement leur défense, il aurait fallu les ménager parce qu'ils étaient vieux et qu'ils étaient nos parents.
Je suis parti après mon bac pour faire mes études d'histoire et de politique à l'université d'Heidelberg. Je ne rentrais pas très souvent, on n'arrivait plus à se parler, à chaque fois que mon père ouvrait la bouche, je ne pouvais pas m'empêcher de l'imaginer en train d'aboyer sur les prisonniers ou de leur taper sur la gueule. Quand Art s'est installé chez moi, j'ai arrêté de les voir."

Nous nous couchons. Peter a un peu vieilli mais son corps est toujours celui d'un athlète. Dans mes bras je le sens trembler de l'intérieur. Il finit par s'endormir. J'écoute les bruits de la nuit autour de la maisonnette, une chouette, une porte qui grince, probablement celle de la remise, le vent dans les branches, dans la cheminée.

Je m'aperçois que, quarante ans après son père, Art a passé six ans caché à Neustadt.
La forêt pour la cave.

A Hambourg, l'auberge de jeunesse est un peu excentrée. Il faut longer le champ de courses depuis la station de U-Bahn.

Maman m'a juste donné l'adresse du cimetière où sont enterrés ses parents.

"Je n'ai rien d'autre à t'indiquer, mon chéri.

— Vous habitiez où ?

— Tu sais, nous avons beaucoup déménagé. Je n'ai aucune adresse en particulier à te donner. Va voir Altona, il semble que ce soit devenu un quartier très vivant.

— Comment tu le sais ?

— Je l'ai lu dans *Elle*."

Hambourg centre. Une *Fussgängerzone*, du neuf, des commerces et des magasins. Une odeur d'argent.
Je suis plus étonné par le port, ces grands bateaux, ces immenses grues, ça sent la mer, ça ne ressemble pas à l'Allemagne que je connais.

Je marche au hasard. Un homme m'aborde. Il parle un allemand sûr, mais son accent est indéniablement américain. Il m'explique qu'il est compositeur, qu'il travaille avec un piano, qu'il joue avec les cordes et non avec les touches. Il me sort un disque en forme de piano à queue, je le lui achète. Il me donne rendez-vous le lendemain soir dans un bar d'Altona où il doit jouer.

Le lendemain, je vais au cimetière, je ne trouve pas la tombe de mes grands-parents, je n'ose pas demander au gardien si elle existe encore, je m'ennuie toute la journée et le soir, un piano mais pas de pianiste dans le bar d'Altona.
Je reprends le train demain matin.
Il n'y a aucune trace de rien, je n'ai rien à faire à Hambourg, si ce n'est retarder Berlin.

HERMANN WOMMEL (1913, -)

Ernst ne se décide pas à frapper.
Derrière la porte, il entend chantonner, une voix d'homme, claire, légère.

L'entrée de l'appartement donne directement dans la cuisine, l'homme salue Ernst, ils s'installent autour d'une table ronde, le vieux Hermann ne semble pas pressé de rentrer dans le vif du sujet.
Ernst s'efforce de rester calme.

"Ton père est un raté, il n'a jamais été à la hauteur. En rien. Moyen à l'école, mauvais en sport, trop chétif, trop lent, trop bête, trop sentimental…

— Qu'est-ce que vous faisiez pendant la guerre ?

— Tu peux me tutoyer, je suis ton grand-père.

— Qu'est-ce que tu faisais pendant la guerre, grand-père ?

— Rien qui t'autorise à me parler sur ce ton."
Ernst s'aperçoit qu'il parle sèchement pour compenser son malaise.

“Si tu es venu jusqu’ici pour salir mon honneur, ce n’était pas la peine de faire le voyage.
— En tout cas, je ne suis pas venu jusqu’ici pour vous écouter rouler mon père dans la merde.”

Ernst se mord la lèvre, s’il veut faire parler son grand-père il devra s’y prendre autrement.

J'ai pris le S-Bahn jusqu'à Wannsee, je me suis promené, calmé, j'ai téléphoné pour m'excuser, me revoici chez Hermann Wommel.

"Ta grand-mère est morte peu de temps après le départ de Horst. C'est lui qui l'a tuée.

— Si vous recommencez, je m'en vais.

— C'est pourtant la vérité.

— Parlez-moi de la guerre.

— Le national-socialisme, c'était une belle idée, pervertie en route par une poignée de fous."

Il parle calmement.

"Je suis entré dans la Wehrmacht en 1936, j'avais toujours voulu être soldat, et puis dans la famille Wommel, il y avait au moins un soldat à chaque génération, tradition familiale."

Ses mains sont fripées, couvertes de taches.

"Quand on est soldat, on obéit aux ordres. L'idée même de désobéir n'existe pas. Sinon, on n'est pas soldat."

Sa chevelure est encore abondante.

"Obéir aux ordres, ce n'est pas être un monstre. Bien sûr, il y avait parmi nous des déséquilibrés qui versaient le sang ou infligeaient des souffrances avec plaisir, surtout chez les SS d'ailleurs, toute société a ses anormaux. Moi, je n'ai jamais apprécié de voir un homme mourir, ou souffrir. Même un juif. Quand j'ai tué, j'en avais reçu l'ordre. Mon travail était de défendre le peuple allemand menacé, je me suis totalement dévoué à mon travail."

Assis à la table de sa cuisine, mon grand-père me raconte fièrement sa guerre, il a juste choisi son camp, ensuite il n'a décidé de rien mais il n'a rien trouvé à redire, il a suivi le flot comme n'importe qui l'aurait fait dans sa position, comme tous ceux qui étaient dans sa position l'ont fait, comme la raison, la logique, le bon sens et les circonstances l'exigeaient, on lui avait bourré le crâne, promis la lune, il n'est coupable de rien.

Il me raconte ses campagnes, le froid, la camaraderie sur le front, la Wehrmacht n'aurait été qu'une armée défendant son pays en guerre, toutes les horreurs seraient à mettre sur le dos des SS.

La voix est posée, harmonieuse, les rouages sont bien huilés, le récit est vivant, pas un fil ne dépasse, il n'y a pas de sang, rien ne pue, même les massacres sont propres, je suis l'enfant qu'hypnotise le conteur, le petit-fils du vieux cow-boy bavard, pépé me raconte ses aventures, les aventures de Hermann Wommel dans la tourmente des années quarante, il est parvenu à me faire taire, envolée la colère de la première rencontre. Je reconnais du Wommel dans ses mimiques, dans ses gestes. Ses traits sont les miens.

Alors qu'il me décrit les humiliations qu'il a fallu subir après "la défaite", je me lève, enfile mon blouson et mon bonnet.

Il comprend que je m'en vais, ramasse les deux canettes de bière qu'il avait sorties du frigo, vérifie que la mienne est bien vide, les jette dans la poubelle et revient s'asseoir à la table.
Je n'aurai pas dépassé le seuil de la cuisine.
Qu'y avait-il de si secret au-delà ? Des souvenirs du bon vieux temps ? Un portrait d'Hitler sur le buffet ?
Je sors. Il reprend sa chansonnette.
Il ne se sent coupable de rien. Lui non plus.

Je te connaissais déjà, pépé, tu chantes dans mes cauchemars depuis toujours.

HORST WOMMEL (1942, -)

Je suis rentré pour le Noël en famille. Je passe le vingt-quatre au soir avec Horst, le vingt-cinq avec Katarina, Max et Bernard.
Mon père ouvre les huîtres. On va réveillonner en tête à tête, Max est chez ses beaux-parents. Je le regarde enfoncer le couteau sous la coquille d'une main experte.

"Pourquoi tu es resté sur le balcon ?

— J'en sais rien, nom de Dieu.

— Tu aurais pu être tué par un morceau, un cendrier.

— Je sais bien, mais qu'est-ce que tu veux, j'avais pas été entraîné à réagir dans le cas où un putain d'avion à la con s'écraserait sur moi. Ouvre le vin."
Papa aime toujours autant les expressions comme "nom de Dieu", "putain" ou "à la con", ça fait très français.

"T'as pas eu peur ?

— Si. Enfin, j'ai pas eu le temps. De toute manière, j'ai rien vu.

— Comment ça, t'as rien vu ?!?

— Je me souviens qu'on était tous sur le balcon avant, et puis que vous êtes venus me voir après. Entre les deux, je ne me souviens de rien.

— Mais pourquoi tu…

— Mais pourquoi ceci, mais pourquoi cela, je te dis que je n'en sais rien. Ouvre le vin, bordel.

— Papa, j'ai rencontré ton père.

— Quoi ?"

Je saute du coq à l'âne, je ne sais pas dire ce que j'ai à dire autrement.

"Deux fois. Deux jours de suite. A Berlin.

— J'étais sûr que ça finirait comme ça."

Il n'y a plus une seule goutte de sang pour couler sous son visage. Son teint est gris, la sueur perle sur son front, il chie dans son froc.

"Qu'est-ce qu'il t'a dit ?"

Je lui répète ce qu'il m'a dit.

"C'est faux. Tout est faux, ou presque. Le point de vue est faux. Toute mon enfance, je l'ai entendu se vanter d'avoir été volontaire pour massacrer les juifs, décrire les rangées de juifs à poil au bord de la fosse, les hommes, les femmes et les enfants, les fusillades, les balles dans la nuque, il maudissait le destin, il imaginait comment les choses se seraient passées si le Reich avait écrasé les Alliés, l'ordure, il n'a jamais digéré l'effondrement du Reich.

Il s'est défoulé sur moi. J'ai été son souffre-douleur. Je ne pouvais rien dire, rien faire, sans être critiqué, humilié publiquement, roué de coups. J'avais à peine sept ans que je rêvais déjà de partir en internat.

— Mais ta mère… ?

— Elle l'approuvait. Elle me disait que mon père avait beaucoup souffert, qu'il était un grand homme, qu'il fallait que je prenne exemple sur lui. Personne ne me soutenait à la maison. Je vivais dans la hantise qu'il me tue.

La première personne que j'ai rencontrée et qui m'ait écouté, c'est ta mère, dans une colonie de vacances en Hesse où m'avaient envoyé mes parents. C'était la première fois que je m'éloignais d'eux aussi longtemps.

Ta mère était monitrice, elle avait vingt ans, j'en avais quinze. Elle a eu pitié de moi, je crois. C'est la première à m'avoir dit que je n'étais pas obligé de supporter le comportement fasciste de mon père.

Je n'avais jamais réalisé qu'on pouvait qualifier son comportement de fasciste. Décrire l'ambiance à la maison avec ce mot, «fasciste», ça m'a réveillé, j'ai vu une porte de sortie.

Après les vacances, je suis rentré à Berlin la mort dans l'âme. Katarina vivait à Hambourg, on avait échangé nos adresses, on s'écrivait de temps en temps. Après mon bac, j'ai quitté Berlin pour chercher du travail. J'ai choisi Hambourg parce que Katarina était la seule personne que je connaissais en dehors de Berlin. J'avais peur de me sentir trop seul.

Elle m'a aidé à trouver une chambre, on a commencé à se voir régulièrement, notre différence d'âge était devenue moins flagrante. Un jour, elle m'a proposé de l'épouser et de quitter l'Allemagne avec elle. J'étais surpris mais content, alors j'ai dit oui. On a choisi Paris parce qu'on avait tous les deux appris le français à l'école et pour le côté romantique. De toute façon, je l'aurais suivie n'importe où, elle était mon oxygène. Dis-moi Ernst, ma mère n'était pas là quand tu as rencontré mon père ?

— Ta mère est morte en 1963.

— Ah. Tu sais comment ?"
Je pense "Ton père dit qu'elle est morte de chagrin à cause de toi", je dis "Arrêt cardiaque".
"Tu vois, tu me dis qu'elle est morte, eh ben ça me laisse froid."

Si ça te fait plaisir de le croire…

Mon père est un homme brisé, laminé, déformé par l'homme qui l'a élevé, mon père est sorti de l'enfance comme un bonsaï sort du magasin, réduit, contraint au minimum, à la survie dans un minimum d'espace, il a poussé comme il a pu.
Je te comprends, je comprends tout ce que tu as dit, tout ce que tu as tu, l'ennui dont tu te nourris, la peur de l'imprévu, l'absence d'instinct de survie, je t'écoute, tu as eu l'intelligence de choisir une femme vivante, tu as jeté toutes tes forces, ton peu de forces, dans la transplantation en France, je t'aime, il va me falloir de l'énergie, de l'enthousiasme et des amis sûrs pour vivre, être curieux jusqu'au bout, oublier ces règles grises et sans saveur que tu m'as léguées pour définir le monde.

KATARINA STÖCKL épouse WOMMEL (1937, -)

J'attends ma mère.

Je lui ai annoncé que j'avais retrouvé Hermann, elle le savait déjà, mon père l'avait appelée, il l'appelle encore quand il est perdu, elle est toujours sa dernière bouée, il sait qu'en cas de noyade imminente on ne refuse pas d'accorder son aide, pas même une ex-femme à son ex-mari.

Ma mère ne sait rien de mon grand intérêt concernant le mystère de sa naissance dans le Massachusetts.
Je lui ai donné rendez-vous chez Mollard à Saint-Lazare. Je compte sur l'atmosphère feutrée de l'après-midi, les superbes mosaïques murales, les piliers en marbre, la gentille serveuse et les confortables banquettes pour m'apaiser. Après tout, le goûter avec Mme Bauer à la *Konditorei* de Saarbrücken s'était bien terminé.

"Mes parents se sont connus très jeunes. Mon père était issu d'une famille de négociants, une famille assez riche, des Allemands citoyens du monde avant l'heure : il était né à Toronto, avait grandi à Singapour. Il était venu en Allemagne en 1923 pour faire des études de commerce international. C'est à l'université qu'il a rencontré ma mère, une de ces premières femmes brillantes autorisées à faire des études.

En 1927, ils sont partis s'installer en Nouvelle-Angleterre. Ils vivaient à Boston, le grand-père leur avait confié les marchés de la côte est. En 1931, ils ont eu une fille. En 1937, ils faisaient du tourisme dans une région qui s'appelle les Berkshires quand ma sœur jumelle et moi sommes nées, avant terme.

En 1941, on a déménagé à New York, c'était plus pratique pour les affaires. Je n'ai pas de souvenirs de la période Boston. Par contre, je me souviens très bien de ma vie à New York, mon école, mes copines, notre appartement sur la Cinquième Avenue, en face de Central Park, un loyer astronomique probablement.

La guerre minait mes parents. Ils voyaient l'Allemagne plonger dans l'horreur, ils lisaient dans les journaux des récits de gens qui avaient fui les camps et ils n'arrivaient pas à croire aux atrocités décrites.

Un jour, mon père nous a appris que le business familial était en faillite, qu'il avait décidé avec ma mère de rentrer au pays. Mes sœurs et moi, on n'avait rien vu venir, on ne voulait pas partir, chez nous c'était l'Amérique. Il a fallu renoncer à tout, on a eu droit à une valise chacune pour monter sur le bateau.

On est arrivés en Allemagne en février 1946, il y avait des ruines partout, les gens étaient comme murés dans le silence. En plus, je parlais

à peine allemand. Mes parents ne s'étaient jamais souciés de nous apprendre leur langue, ils nous parlaient en anglais.
On s'est installés à Hambourg, je me suis efforcée de m'intégrer le plus vite possible, j'ai appris la langue, je me suis fait de nouvelles copines, j'ai grandi, j'ai oublié l'insouciance des années américaines, je ne me suis jamais sentie chez moi mais j'ai fait comme si.
En 1956, j'avais dix-neuf ans, le jeudi 29 mars 1956, je rentrais de l'université, j'avais commencé des études de sociologie, la police m'attendait devant l'immeuble. On est entrés, ils m'ont annoncé que mon père, ma mère et mes deux sœurs venaient de se tuer dans un accident de voiture."
Le chocolat chaud m'écœure, je me concentre, ne pas l'interrompre.

"Ils sont morts bêtement, Ernst. Ils roulaient sur une nationale. Une camionnette leur a refusé la priorité. Mon père a réussi à l'éviter, mais il a perdu le contrôle de la voiture. La route longeait un lac, ils se sont précipités dedans. Ils n'ont pas pu ouvrir les portes. Ils se sont noyés."
Katarina pleure doucement.

"Je me retrouvais toute seule, ma mère n'avait plus de famille, celle de mon père était disséminée aux quatre coins du monde.
J'ai connu ton père quatre mois plus tard, pendant l'été, on était tous les deux au bord du gouffre, ça nous a rapprochés.
A Hambourg, mes parents avaient monté un commerce de tissus, ils s'étaient lourdement endettés, j'ai tout vendu pour rembourser. J'ai arrêté mes études, j'ai pris un travail dans un *Kindergarten*.

Un jour, ton père est venu vivre à Hambourg. Jusque-là, il vivait à Berlin, on s'écrivait. On a mis du temps à tomber amoureux l'un de l'autre, ça s'est fait.
Je n'avais aucune raison de rester en Allemagne. Mes parents étaient morts, je ne me sentais pas chez moi, j'étais plutôt gênée d'être de fait intégrée par le monde entier au «monstrueux peuple allemand».
Je ne voulais pas retourner en Amérique, tout m'aurait rappelé mon enfance, mes parents, mes sœurs.
J'ai proposé la France à ton père, lui, il m'aurait suivie en enfer.
Voilà.
— Tu parles anglais alors ?
— Non. J'ai oublié."

Ma mère a parlé anglais pendant neuf ans, allemand pendant dix, puis français. Ma langue maternelle est la troisième langue de ma mère.

MAX WOMMEL (1962, -)

Il me reste trois jours avant de reprendre le travail, je vais passer par Munich, je veux voir Dachau, même sans Rolf.
Ma valise est prête, j'ai rendez-vous avec mon frère, nous avons quelques heures avant que je saute dans mon train.

Max me reçoit dans son petit deux-pièces. Il y a des courants d'air, ça sent le produit anti-cafard. Son bureau est couvert de livres, il vient d'intégrer Polytechnique.

"Qu'est-ce que tu sais sur nos grands-parents, toi ?

— Pourquoi tu remues tout ça ?

— Réponds-moi.

— Tu me fais chier, Ernst.

— Je ne te comprends pas. Tu n'as jamais eu envie de savoir ?

— Non.

— Jamais jamais ?

— Je te dis que non. Je m'en fous."

Je m'en fous. Un jour, Rolf m'a fait remarquer que moi aussi je disais très souvent "Je m'en fous" ou "De toute façon, je m'en fous".

“Le passé, c’est le passé. Je ne mettrai jamais les pieds en Allemagne, c’est tout.
— Ah. Alors, tu ne t’en fous pas.
— Comment ça ?
— Si tu t’en foutais vraiment, tu ne dirais pas «je ne mettrai jamais les pieds en Allemagne».
— N’importe quoi. Tu veux un thé ?
— Non.
— Un café ?
— Non. Tu as du Coca ?
— Non.
— Alors je ne veux rien.
— Ben moi je me fais un thé.
— J’ai retrouvé Hermann.
— Qui ?”
Max veut me faire croire qu’il ne sait pas qui est Hermann.
“Hermann Wommel, le grand-père.
— Ah bon.
— Il vit à Berlin.
— Grand bien lui fasse.
— C’est un ancien nazi.
— Quel scoop.”
Max est une anguille, il n’y a aucune prise.
“Je l’ai rencontré, il m’a raconté…
— Ça ne m’intéresse pas. Si tu as envie de rester scotché à l’histoire des parents, ça te regarde. En ce qui me concerne, tout ça c’est mort et enterré. Moi, je suis français maintenant. Ma femme est française, mes enfants le seront aussi.”
Max a rencontré Jocelyne en Math sup. Elle aussi a réussi le concours de Polytechnique. Une fille brillante comme disent mes parents.

Je n’ai plus rien à dire.

Max n'a pas de passé, Max va faire des enfants français sans passé, mais Max fait Polytechnique, il va défiler le 14 Juillet sur les Champs-Elysées.
Il portera l'uniforme.
Max va perpétuer une tradition familiale.

J'ai dormi dans une *Jugendherberge* près de la gare, je me suis réveillé tôt.
Je prends le S-Bahn ligne 2. Munich-Dachau, une petite demi-heure.
Dans le train, on suspend son manteau au crochet prévu à cet effet. Je me sens toujours aussi français en Allemagne.
En face de moi, une vieille dame lit son journal, maquillée avec goût, bien pomponnée, souriante, l'air intelligent. Malheureusement, ça ne se fait pas de poser des questions très personnelles aux vieilles dames dans les transports en commun. A sa gauche, un cadre, la cinquantaine, attaché-case, chemise blanche, large cravate à gros motifs bariolés, alliance, énorme chevalière, initiales stylisées, fine moustache blonde et blanche, regard bleu perçant, l'aigle allemand. Il va travailler.
Arrivé en gare de Dachau, je prends le bus 726. Il me dépose à l'arrêt "KZ Gedenkstätte", il est neuf heures quarante-cinq, j'entre.

"Lorsque dans les années 1964-1965, le territoire de l'ancien camp fut transformé en mémorial, il fallut démolir les baraques, elles

tombaient en ruine ou avaient subi des transformations trop importantes. Deux d'entre elles ont été reconstruites. Des autres, il ne subsiste que les fondations."
Le camp n'a été ouvert aux visiteurs qu'en 1965.
Vingt ans de rien.

Dans la baraque reconstruite, ça sent le musée, le bois récent, le neuf. C'est présenté comme à l'époque. Trois étages de lits en bois.
D'emblée, on entre dans la mémoire, le souvenir, quelque chose d'édulcoré, sans vie et sans mort. Le choc que j'ai pu ressentir à l'entrée est déjà loin.
Les trente baraques rasées me font penser à d'immenses tombes qu'on aurait recouvertes de cailloux.
Comme pierre tombale, le numéro de la baraque.

ARBEIT MACHT FREI

Des classes d'adolescents de seize, dix-sept ans suivent leurs professeurs. Les camps de concentration sont au programme de la *Zehnte Klasse.*

Un enseignant raconte avec beaucoup d'émotion une anecdote de la vie du camp. Ses élèves l'entourent. Il parle d'un prisonnier puni qui a trouvé un bouton au sol, l'a ramassé et l'a gardé.

Il dit "Je" à la place du prisonnier.

"Je dois me déshabiller et plier mes habits en forme de carré. Je dois compter les coups. Je n'ai pas le droit de crier."

En prolongement de la Lagerstrasse qui sépare deux rangées parfaitement alignées de baraques, la Todesangst Christi Kapelle, chapelle catholique "l'Agonie du Christ" érigée en 1960.
Elle est vraiment construite en prolongement de l'artère principale du camp, on ne peut pas la manquer.
Toute personne qui visite le camp de concentration de Dachau emprunte cette allée et se trouve face à Jésus-Christ crucifié. Quand il s'agit de souffrance, les catholiques savent toujours se placer. Enervant.

Plus de discrétion de la part des autres communautés, le mémorial israélite et la chapelle protestante de la Réconciliation s'intègrent à la géographie du camp.
Plus de respect ?

Derrière le mur du fond, le *Karmel* Heilig Blut Dachau, “Sang saint de Dachau”.
Je ne veux pas voir ça.

Bavière, LE land catholique.

Visite guidée.

Le guide n'a pas encore vingt-cinq ans. Ses joues rougissent quand il parle, il se balance d'un pied sur l'autre à la recherche d'un hypothétique équilibre, parler en public l'impressionne.
Une colère sourde lui donne du courage.
Il est touchant.

Hitler arrive au pouvoir en janvier 1933.
Le KZ Dachau est construit en mars 1933.

Le guide :
"A notre connaissance, un seul prisonnier a réussi à s'enfuir."

Un *Lagerbordell* avec trois cents femmes (prisonnières bien sûr).

Une punition : une heure d'arbre (suspendu par les poignets liés dans le dos, douleur terrible au niveau des épaules, interdiction de crier).

Devant un assemblage artistique de triangles en fer forgé, le guide énumère les catégories de prisonniers. Les politiques (le triangle rouge), les droits communs (le vert), les juifs (le jaune)… Quand il arrive aux homosexuels (le triangle rose), il précise qu'il n'y en a pas de représenté dans l'assemblage. Je lui demande s'il sait pourquoi.

"C'est une bonne question. On ne me l'a encore jamais posée. Je ne sais pas. Je me renseignerai."

Sur trois mille six cents gardiens au KZ Dachau en janvier 1945, quarante ont été arrêtés par les Américains à la libération du camp en avril. Trente-six d'entre eux ont été condamnés à mort par pendaison et quatre à des peines de prison lors du procès de Dachau en décembre. En janvier 1946, trois peines de mort ont été commuées en peines de prison.

Les trois mille cinq cent soixante autres gardiens se sont envolés…

Baldur Rösching.

Trente et un mille cinq cent quatre-vingt-onze morts dûment constatés.

Ne sont pas authentifiés (et donc pas comptabilisés dans les trente et un mille cinq cent quatre-vingt-onze) les décès par :

— *Sonderbehandlung* ("traitement spécial" ?).

— *Kommissar Erlass* ("décret du commissaire" ?).

— Convois d'évacuation au départ de Dachau en 1945 (marches forcées).

Une dame :

"Ça ne doit pas être facile pour les gens qui habitent ici.

— C'est vrai. Certains habitants de Dachau immatriculent leur voiture dans le *Landkreis* voisin afin qu'il n'y ait pas marqué DACHAU sur leur plaque."

Le *Krematorium* se trouve dans un petit parc.
Haie taillée à la française.
Ordre, calme.
On y dispersait les cendres.

Il y a une chambre à gaz près des fours crématoires. Elle n'a jamais été utilisée.

"A ce jour, on ne sait pas vraiment pourquoi. Certainement pas par compassion."
Dachau n'était pas un camp d'extermination. Quand les SS voulaient gazer les juifs, ils les envoyaient à Linz, en Autriche, pas très loin.

A l'entrée du *Krematorium*, un vieux monsieur à l'accent yiddish parle aux gens qui s'arrêtent. Il raconte ce qui s'est passé, ce qui a changé.

"... l'entrée par laquelle les visiteurs arrivent, le petit pont au-dessus du ruisseau, qui mène du *Lager* au *Krematorium*, les bâtiments religieux, ça n'existait pas à l'époque..."
Je l'écoute de loin, il s'adresse à un jeune Américain, je ne m'approche pas, j'ai peur qu'il ne me parle, qu'il ne me regarde dans les yeux, que son regard ne soit trop plein de sa souffrance, trop dur, je ne sais pas.

Plus tard, le guide :

"Vous avez peut-être rencontré un vieil homme, c'est un survivant, il a quatre-vingt-six ans, il vient tous les jours ici, de l'ouverture à la fermeture."

Le musée :
Für Kinder unter 12 Jahren ist der Besuch des Museums nicht geeignet.
Not recommended for visitors below the age of 12.

Bain d'eau glacée avec uniforme de pilote de chasse et gilet de sauvetage, uniforme d'été ou bien uniforme d'hiver, jusqu'à ce que mort s'ensuive, mesure de la température du corps au moment du décès, chronométrage de l'opération, évaluation des différences.
Combien de temps survivrait un pilote de la Luftwaffe s'il tombait à l'eau dans une mer froide après s'être éjecté de son avion en perdition ?
Expérience médicale à Dachau.

Photos aériennes d'époque, le camp de concentration et son voisin le camp de formation SS.
Ordre, alignement.
Ils se ressemblent.
Vu du ciel, l'un est aussi banal que l'autre.
Et les maisons d'habitation toutes proches…

Il est quinze heures trente, je pars.

“Chers visiteurs,

Vous êtes venus à Dachau pour visiter le lieu commémoratif de l’ancien camp de concentration. Au nom de la ville de Dachau, j’ai l’honneur de vous souhaiter la bienvenue. D’innombrables crimes ont été commis dans le camp de concentration de Dachau. Comme vous-mêmes, la ville de Dachau et ses habitants s’inclinent avec une profonde émotion devant les victimes de ce camp. Les horreurs des camps de concentration allemands ne doivent jamais se renouveler !
La visite de ce camp va vous remplir d’effroi, mais nous espérons que vous ne reporterez pas votre indignation sur la ville bavaroise de Dachau, vieille de mille deux cents ans, qui, lors de la construction du camp, n’a pas été consultée et dont la population s’était en 1933 clairement prononcée contre le national-socialisme naissant. Le camp de concentration de Dachau relève de la responsabilité collective allemande.
Je vous invite cordialement à venir visiter notre vieille ville de Dachau, située à quelques kilomètres seulement. Nous serions heureux de vous y accueillir en amis.”

Dr Lorenz Reitmeier, premier maire (brochure présentant la ville de Dachau, disponible dans le hall d'entrée du musée).

Désolé monsieur le maire, une autre fois peut-être.

Dachau vu du bus, ses concessionnaires auto, ses épiceries, fruits et légumes, sa Sparkasse, sa gare.

Aurai-je un jour le courage de visiter Auschwitz ?

Sur une cloison du S-Bahn, une publicité pour le chemin de fer allemand :
"Ein Mensch ist manchmal wie verwandelt, sobald man ihn menschlich behandelt."
("Un être humain est parfois comme métamorphosé dès qu'on le traite humainement.")

On est bien, aujourd'hui, dans un train.

Le guide m'a pris pour un descendant de victime.
Mes questions précises, mon accent étranger, mon émotion.
J'ai tout fait pour.

Un Français en Allemagne.
Un descendant de victime à Dachau.
Impossible autrement.
Insupportable.

Voilà dix-huit heures que Max a déposé Ernst et Peter à Charles-de-Gaulle, seize heures et trente minutes que le 747 a décollé, Ernst n'a pas dormi. Il a regardé les deux films, mangé, bu, demandé à une hôtesse s'il pouvait aller faire un tour dans le cockpit, lu, regardé sous l'aile passer l'Europe, l'Asie Mineure, une grande ville indienne tout illuminée, l'hôtesse est venue le chercher, il est monté au premier étage, il y avait aussi un petit garçon, ils sont entrés dans le cockpit, le capitaine et ses deux acolytes les ont salués, ont posé de sympathiques questions au petit garçon, leurs beaux uniformes, les galons du capitaine, Ernst a pu admirer silencieusement la chose en ordre de marche, ils sont ressortis, l'hôtesse lui a demandé ses impressions, il a répondu par de grosses larmes, l'hôtesse emmerdée lui a dit qu'il n'était pas obligé de lui répondre, les a reconduits à leur siège, le petit garçon puis Ernst qui s'est arrêté de pleurer, Peter dormait déjà à poings fermés, il a lu, le soleil s'est levé, Peter s'est réveillé, ils ont atterri à Singapour.

Ils ont déambulé dans la zone de transit, aéroport ultramoderne, navettes sans chauffeur, ont réussi à sortir sur une terrasse, air inconnu,

chaud et humide, air de hammam, sont retournés vers la climatisation, ont ré-embarqué pour Djakarta, survolé des dizaines de petites îles au large de Sumatra, atterri à Djakarta, décollé de Djakarta.
Bali est en vue, nuages accrochés aux volcans.

Ernst va avoir trente ans.

Son frère Max a pris la nationalité française, changé de nom, un W qui saute, un M qui devient B, Max Ombel, “bien de chez nous”.

Peter a démissionné de son poste de prof d'histoire en juillet 1987. Il a vendu sa maison en août, voyagé pendant un an, choisi Bali.
Il y passe plusieurs mois par an.
Il a acheté un petit terrain à quelques kilomètres du temple de Tanah Lot, s'est construit une maison avec l'aide des paysans du coin. Quand il n'a plus d'argent, il revient, donne des cours d'allemand à Paris, écrit des articles sur l'environnement.
Depuis deux ans, c'est chez Ernst que Peter habite quand il vient en Europe. Cette fois-ci, Ernst est reparti avec lui.

Kuta, la plaie, le passage obligé en quittant l'aéroport de Denpasar, ses magasins, ses touristes, sa plage, ses masseuses, ses vendeurs de montre, de lunettes de soleil, ses vendeuses de sarongs, son Club Med, Peter dit à Ernst qu'il y a des gens capables de faire quinze heures d'avion pour venir se coucher sur cette plage et n'en pas décoller de leur séjour, culs blancs, plage sans âme, sans ombre, sans silence pour écouter les vagues, les mystères du dépaysement moderne.

Ils louent un bungalow à Legian, extrémité ouest de Kuta, légèrement plus calme, il leur faut une nuit pour récupérer du voyage, acheter chapeau, lunettes de soleil, crème solaire et louer une voiture.
Ils marchent dans les rues plombées par le soleil. Fleurs dans les jardins, offrandes posées à même le sol.
Ernst ne s'est jamais senti aussi occidental, riche, déplacé.

Nous partons vers l'ouest. Il n'y a pas de route côtière. Nous devons rentrer dans les terres puis choisir une route défoncée pour rejoindre la mer. Nous tombons ainsi sur la plage de Pererenan, les surfeurs viennent y chercher la grosse vague, des bungalows ont été construits. Nous décidons d'y passer une nuit.
Le sable est sombre. En cette fin d'après-midi, il ne brûle plus, le soleil est redevenu supportable. Je vais tremper mes pieds dans l'eau. Le ressac les aspire comme pour m'attirer dans les rouleaux. Je rejoins Peter assis quelques mètres plus haut. Il est de mauvaise humeur.

"T'as vu toutes ces bouteilles vides, tous ces sacs en plastique ? C'est vraiment dégueulasse. Je me demande s'il y a encore un endroit sur la terre qui échappe à la pollution, enfin, ici au moins, l'air est respirable.

— Calme-toi, Peter.

— Quoi, tu trouves ça normal, toi, qu'on laisse les gens jeter leurs détritus n'importe où, qu'on laisse les industriels nous asphyxier, que les cheminées crachent leurs gaz en toute impunité ? Comment on va finir ?

— Tu me fatigues. On dirait l'écolo allemand de base qui confond l'Allemagne et Auschwitz.

— Quoi ?

— Quand tu parles de l'Allemagne, on dirait que tu parles d'Auschwitz.

— Tu te crois malin ?

— L'Allemagne est le camp, les Allemands sont les juifs, la pollution remplace le zyklon, le peuple sans défense va être anéanti. Malheureusement, il n'y a plus les SS 20 pour souligner le trait.

— N'importe quoi. T'es vraiment un connard quand tu t'y mets.

— Gaz, asphyxie, cheminée, ça ne te dit rien ?

— Ta gueule Ernst.

— Peter, je me permets de te rappeler que nous ne sommes pas les victimes. On aura beau dire et beau faire, on sera toujours les enfants et les petits-enfants de qui tu sais.

— Qu'est-ce que tu peux m'énerver quand tu fais le grand spécialiste de l'identité allemande."

Peter se lève, court vers l'eau et plonge.

Mes yeux vont s'arracher de leur orbite et tomber dans le sable.

Ils croisent un défilé mortuaire. Un corps va être brûlé selon le rite hindouiste. Peter gare la voiture sur le bas-côté, la route est envahie par un cortège d'hommes et de femmes vêtus de tuniques blanches et jaunes.
L'image de Hermann Wommel debout dans sa cuisine s'impose à Ernst, son grand-père mort un mois plus tôt, la lettre de l'ambassade reçue par Horst, seul héritier, quelques jours avant le départ pour Bali, il la lit au téléphone d'une voix sèche qui n'ose avouer son trouble, et puis "Ton grand-père est mort, il faut liquider ses biens, tu es le dernier à l'avoir vu, j'aimerais que tu t'en occupes.

— Papa, je pars en Indonésie vendredi.

— Tu n'as pas le temps de faire un saut à Berlin avant de partir ?

— Non.

— Je te paie le voyage.

— Je viens de te dire que je n'ai pas le temps.

— Et à ton retour ?"

Horst est terrifié. Même après sa mort, Hermann l'écrase encore. Ernst ne pense pas pouvoir dire non.

“J’ai vécu six ans avec un juif, tu ne vas pas m’accuser d’antisémitisme !”
La voiture se traîne péniblement sur la petite route défoncée qui les mène vers le mont Batur, un volcan en sommeil.

“Je dis seulement… Ernst, tu m’écoutes ?

— Oui je t’écoute.”
Parfois, Peter oublie de rouler à gauche, Ernst ne peut pas s’empêcher de surveiller la route qui serpente le long d’une vallée où le riz pousse sur de magnifiques terrasses.

“Je dis seulement que les Israéliens, leur politique d’occupation des territoires est inadmissible, leur comportement avec les Palestiniens…

— Tu as vu dans quel état tu te mets quand on parle des juifs ou d’Israël ?

— Et alors ?”
Peter s’énerve, il n’évite plus les nombreux trous sur la route. Ernst a peur qu’il ne bousille une roue.

“Une question, Peter. Tu t’intéresses au sort des Indiens d’Amazonie ?

— Qu’est-ce que tu veux dire ?

— Je veux dire qu’entre antisionisme et antisémitisme, la nuance est vague chez les Européens de l’après-guerre. C’est quand même curieux que les Allemands se sentent si concernés par le sort des Palestiniens, non ?
En fait, ça les déculpabilise…

— Quand tu parles des Allemands, dis «nous» s’il te plaît. Tu es allemand que je sache.

— Si tu veux, ça «nous» déculpabilise de pouvoir trouver les juifs monstrueux, tout à coup nos papas, nos mamans, nos papis et nos mamies qui les ont torturés, gazés, assassinés

par millions deviendraient presque des justiciers, hein ? Rétrospectivement.”
Peter freine brutalement, se vomit dessus, il n’a pas eu le temps d’arrêter la voiture pour descendre.
Plus bas, un paysan cassé en deux dans une rizière inondée tourne la tête. Le crissement des pneus sur le bitume.
“Aide-moi à sortir de là.”
Ernst contourne la voiture, lui ouvre la porte, l’aide à sortir, Peter enlève son T-shirt souillé et descend se laver dans un canal d’irrigation.
Ernst coupe le moteur, se retourne vers la vallée, ses incroyables pentes découpées en terrasses, le paysan a repris son travail.

L'avion qui les emmène de Bali à Lombok est un coucou à hélices tout droit sorti d'un album de *Tintin.* Ernst est blanc comme un linge. Après trois quarts d'heure de vol et un atterrissage réussi, un Bemo, petit fourgon taxi collectif, les conduit vers les Gili Islands, au nord. Des huit étrangers transportés par le Bemo, ils sont les seuls à se diriger vers Gili-Meno. Les guides indiquent qu'un lac salé, véritable nid à moustiques, est à l'origine d'une relative désaffection des touristes de passage, concentrés sur Gili-Air et Gili-Trawangan, les deux îles voisines. Deux Australiens racontent leur trecking sur le mont Agung, l'humidité, les moustiques, le froid en altitude. Ils vont se reposer et faire la fête sur Gili-Trawangan. Ernst ne se sent pas l'âme d'un crapahuteur. Et il n'a pas envie de faire la fête ici.

Ils attendent sur la plage qu'un pêcheur vienne les embarquer, le ciel vire lentement au brasier.
Ernst est assis près de son sac à dos.
Il est songeur.

"Trouve ça beau, Ernst, tu n'en verras pas tous les jours, de tels couchers de soleil."

Au loin, les vagues se cassent sur la barrière de corail. Peter a enfilé un masque et des palmes, il explore le lagon, ses étoiles de mer bleues, ses poissons multicolores, il a gardé un T-shirt pour ne pas brûler.
Je suis assis au bord de l'eau sous mon grand chapeau de paille, je lis, le calme murmure des vaguelettes est régulièrement brouillé par les respirations de mon éléphant de mer qui patauge à quinze mètres au large, qui me lance régulièrement des sourires caoutchouteux.
Ce matin je veille, je tends l'oreille, je suis le papa attendri par son fragile petit garçon qui joue dans l'eau, ses deux fesses pointent quand il plonge. Dans cinq minutes, je l'appelle. Le soleil commence à taper trop fort. Dans l'eau, on ne s'en rend pas compte.

Je suis au bout du monde.

Il y a en moi ses chromosomes, il m'a transmis ses yeux d'un bleu passé, ses pommettes rondes, hautes, son nez droit et fin, ses cheveux blonds comme la paille, il y a en moi les tortures quotidiennes qu'il infligeait à son fils, il y a en moi Berlin, il y a en moi les pleurs de mon père sur mon oreiller, ses brusques sautes d'humeur, ses efforts désespérés pour gommer le passé, son silence, le silence de ma mère pour l'accompagner, il y a en moi Boston, New York, un bateau, des racines arrachées, des ruines, une voiture qui tombe à l'eau, le trou noir de l'absence, le manque de deuil, il y a en moi tout ce que je ne sais pas, les mains de cet homme à l'œuvre, ses cris, les cris de ses victimes, son bras armé, le sang qui coule, il y a en moi les fosses, les charniers, les fils barbelés, les trains, les chambres à gaz, les fours crématoires, Auschwitz, il y a en moi *die Endlösung der Judenfrage*, "la solution finale de la question juive", il y a en moi Hermann Wommel.
A tout cela qui n'est pas moi, qui ne dépend pas de ma réflexion, de mes choix, de mes actes, je n'échapperai pas, autant fuir l'oracle.

Je vais bientôt rentrer, Gili-Meno, Lombok, Bali, deux semaines dans la petite maison de Peter puis Java, Singapour, Paris.
Je viderai mon studio parisien, je partirai à Berlin, je viderai l'appartement du mort, je vendrai ses meubles, l'appartement, j'enverrai la moitié de l'argent à Max Ombel, il en fera ce qu'il voudra, mon père, lui, n'en veut pas, puis je partirai à Francfort, au hasard Francfort, non pas vraiment au hasard, je serai près de Marburg où vivent Rolf, Kerstin et leur fille Louisa, je me louerai une chambre et je chercherai un travail.
L'argent de l'héritage me laissera le temps.

OUVRAGE RÉALISÉ
PAR L'ATELIER GRAPHIQUE ACTES SUD
REPRODUIT ET ACHEVÉ D'IMPRIMER
EN SEPTEMBRE 1998
PAR L'IMPRIMERIE FLOCH
A MAYENNE
SUR PAPIER DES
PAPETERIES DE JEAND'HEURS
POUR LE COMPTE DES ÉDITIONS
ACTES SUD
LE MÉJAN
PLACE NINA-BERBEROVA
13200 ARLES

DÉPÔT LÉGAL
1re ÉDITION : AOÛT 1998
N° impr. : 44479.
(Imprimé en France)